숲을 나서야 비로소 숲이 보인다

숲을 나서야 비로소 숲이 보인다

초판 1쇄 인쇄일_2014년 12월 10일
초판 1쇄 발행일_2014년 12월 17일

지은이_박종관
펴낸이_최길주

펴낸곳_도서출판 BG북갤러리
등록일자_2003년 11월 5일(제318-2003-00130호)
주소_서울시 영등포구 국회대로 72길 6 아크로폴리스 406호
전화_02)761-7005(代) | 팩스_02)761-7995
홈페이지_http://www.bookgallery.co.kr
E-mail_cgjpower@hanmail.net

ⓒ 박종관, 2014

ISBN 978-89-6495-076-0 03320

이 도서의 국립중앙도서관 출판시도서목록(CIP)은 e-CIP홈페이지(http://www.nl.go.kr/ecip)
와 국가자료공동목록시스템(http://www.nl.go.kr/kolisnet)에서 이용하실 수 있습니다.
(CIP제어번호 : CIP2014035424)

인생의 지혜를 얻는 길에 서서

숲을 나서야 비로소 숲이 보인다

박종관 지음

B₄₄G 북갤러리

머리말

가을이 깊다. 맛있게 익어가는 가을이다.

새벽 산책을 나선다. 겨울을 재촉하는 비가 내린다.

가을비를 맞아 한층 선명해진 은행나무의 노란 잎이 가로등 불빛에
젖어 고개를 숙이고 있다.

아파트 건너에는 큰 비가 오면 물을 일시적으로 가두어 두는 저류
지가 있는데 이곳을 작은 공원으로 만들어 산책로도 있고, 나무로 데
크도 만들어 인근 주민들이 종종 이용하는 곳이기도 하다.

산책을 나서면 맑은 공기가 가슴속을 시원하게 파고든다. 물억새가
우거져 요즘은 야생오리를 비롯한 백로, 해오라기 등 철새들이 제법
많이 자리를 잡고 있다.

건너편 아파트 사이로 동이 트기 시작하면 단잠에 젖어있던 철새들
이 멀리 수탉의 기상나팔소리에 놀라 깨어, 무리지어 먹이 활동을 나
서기도 한다.

늦은 밤 재수 좋으면 너구리도 볼 수 있다. 서울에 이런 곳이 있다
는 건 작은 축복이다.

새벽의 산책시간은 오롯이 나만의 생각을 가질 수 있는 시간이기도
하다.

산책 중 하루를 뒤돌아보면서 아쉬웠던 일에 대한 반성과 오늘 할 일에 대한 생각 그리고 살아가면서 떠오르는 이런저런 생각들을 정리한 이야기들, 예전에 썼던 글들, 40여 년간 공직생활을 하는 동안 팔자에 있는 '팔도가 내 집이다.'라는 말대로 팔도를 돌아다니면서 녹록치 않은 삶 속에서 느낀 점들을 쓴 이야기들을 모아 이 책에 실어보았다.

'이런 이야기는 후배들에게 도움이 되겠다.'라는 생각에 틈틈이 쓰고 기회가 될 때 들려준 이야기들이지만 막상 책으로 엮으려 하니 미숙한 글 솜씨와 부끄러운 마음이 들어 출간을 망설이던 나에게 용기를 준 가족들에게 고맙다는 말을 하고 싶다.

그리고 항상 온화한 미소와 따뜻한 마음으로 용기를 주시는 든든한 마음의 지주이자 멘토이신 정진규 변호사님께도 감사의 마음을 보낸다.

끝으로 비록 부족하나마 이 책에 수록된 작은 생각들이 책을 읽는 사람들에게 역시 작은 도움이 되었으면 하는 바람이다.

모든 이들의 건강과 행복을 기원하며
박종관

차례

제2부 멈춤 그리고 산, 숲, 나무를 봄

제3부 내 꿈은 남도 행복하게 만든다

제4부 오늘을 사랑하라

제1부

달을 보는 지혜

달을 보는 지혜

달을 보라하고 손가락으로 달을 가리키니 달은 보지 않고 손가락만
보더라.

우리는 흔히 사물의 본질을 보지 못하거나 또는 문장의 행간에 존재
하는 진실을 바로 보지 못할 때 이런 비유를 하곤 한다.

사람이 성공한 삶에 이르고자 할 때는 달을 보는 지혜를 가져야
한다.

다음의 두 고사를 주의 깊게 살펴보자.

지록위마(指鹿爲馬)라는 말이 있다.

그 유래를 살펴보면,

중국 진나라 시대에 조고라는 환관이 있었다. 조고는 어리석은 황제
를 옹립하여 국정을 농단하고 있었는데 속으로 흑심이 생기자 천하를
자기 것으로 만들고 싶은 욕심이 생겼다.

어느 날 만조백관이 모인 자리에서 조고는 황제에게 사슴을 바치면서
"좋은 말이 있어 황제 폐하께 바치옵니다."라고 하였다.

이에 황제가 "아니, 이것은 사슴 아니오?"라고 하자, 일부 대신은 황제의 말에 따라 사슴이라고 하였지만 대다수의 중신은 조고의 말에 동의하였다.

후일 사슴이라고 한 대신들은 모두 조고에게 죽임을 당하였다.

이때 사실여부, 즉 사슴이냐, 말이냐가 중요한 것이 아니고, 또 무엇이 정의냐를 따지는 것은 의미가 없고, 사슴을 말이라고 한 것은 나와 뜻을 같이 하겠느냐를 묻는 것이었기 때문에 말이냐, 사슴이냐 하는 것은 달을 가리키는 손가락에 불과했다는 것이다.

다시 말해 조고의 뜻을 제대로 파악하지 못한 자, 달을 보지 못하고 손가락만 본 사람은 달을 보는 대신에 자신의 목숨을 그 대가로 지불한 것이다.

춘추시대에 정나라가 있었다.

정나라의 무공은 호시탐탐 호나라를 노리고 있었다.

그러나 호나라의 국력도 만만치 않았기 때문에 우선 환심을 사고 경계를 늦추기 위해 그의 딸을 호군에게 시집을 보냈다.

얼마 후 신하들에게 우리가 부국강병하기 위해서는 인근의 어느 나라를 치는 게 좋은가 하고 대신들에게 묻자, 대부인 관기사가 호를 정벌하는 게 좋겠다고 했다.

이에 무공이 대노하여 우리와 혼인을 맺은 사돈의 나라인데 어찌 호를 칠 수 있느냐며 관기사를 처형했다.

호군은 이 소식을 전해 듣고 정나라에 대한 대비를 하지 않았다.

방비가 허술한 틈을 탄 무공은 호를 급습해서 정나라의 땅으로 만들어 버렸다.

이때 관기사는 달을 보지 못하고 손가락에 시선이 꽂힌 나머지 자신을 호나라 정벌의 희생양으로 제공하고 말았다.

성공과 행복이 우리가 살아가는 데 있어서 달이라고 한다면 높은 지위나 권력, 많은 돈들은 달을 가리키는 손가락에 불과하다.

손가락만 보다가 달을 보지 못하듯 돈이나 권력을 지향하다 불행해지는 사람들을 우리는 많이 볼 수 있다.

아무리 잘났어도 달을 보려 하지 않았던 사람들은 모두 불행한 최후를 맞이했다. 행복은 우리가 만드는 것이지 갑자기 하늘에서 떨어지는 것이 아니다.

달을 보는 깨달음도 어디서 갑자기 나타나는 것이 아니라 문장의 사이, 행간의 뜻을 잘 이해하고 파악함으로써 얻을 수 있다.

남을 원망하고 세상을 탓하기 전에 나 자신을 돌아보고 역지사지의 생각으로 상대방을 이해하다 보면 세상이 나를 외면하는 것이 아니라 내가 세상을 바라보는 마음이 왜곡되었다는 것을 깨닫게 될 것이다.

항상 좋은 일만 계속되고 하는 일마다 성공하는 것도 좋지만, 때로는 실패의 쓴맛이 나에게는 큰 스승이 된다는 것을 깨닫는 사람이 또한 지혜로운 사람인 것이다.

어떤 일에 집중하고 열심히 노력하는 것은 좋지만 그 일에 집착하는 것은 달을 보지 못하고 손가락에만 집착하는 것과 같이 좋은 결과를 얻을 수 없다.

우물 안 개구리처럼 내가 있는 이 우물 안이 우주인양 자신의 생각을 고집하고 집착한다면 세상은 이해할 수 없는 일로 가득한 세상이 될 것이다.

유독 남의 잘못이나 결점에 민감한 사람이 있다. 그것에 집착한 나머지, 자신은 전혀 그런 결점이 없는 듯 그 사람을 원망한다. 제 눈 속의 들보는 보지 못하고 남의 눈의 티끌만 비난하는 사람은 자신만의 고집이나 자만심에 갇힌 사람이다. 남의 결점에 관대하고, 자기 결점에 엄격한 그런 자세를 가져야만 세상을 보는 눈이 넓어진다.

내가 가지고 있는 시각을 조금만 넓게 가져도, 내 시선을 조금만 각도를 달리해도, 내가 가지고 있는 집착과 남을 원망하고 시기, 질투하는 마음이 긍정적인 마음으로 바뀌게 될 것이다. 따라서 나의 생각을 조금 더 유연하고 긍정적으로 바꾼다면 삶은 한층 더 여유로워질 것이다.

나에게 일어나고 있는 일들은 운명처럼 일어나고 있는 것이라 생각하지 말라.

현재 나에게 일어나고 있는 모든 일들은 어쩌면 내가 스스로 만들어 낸 것이라 할 수 있다.

아무리 힘들고, 어렵고, 두려운 일들이라도 정면으로 맞서면 사실 아무것도 아니다. 내가 하는 걱정들 중 걱정해서 될 일은 4%밖에 되지 않는다. 96%의 걱정이 실상은 아무 도움도 되지 못한다는 것이다.

우리가 어떤 두려움에 마주쳤을 때 두려움 그 자체가 두려운 것이 아니라, 사실은 그 두려움을 상상하는 내 마음이 더 문제라는 것이다.

행복도 내가 만들어 가는 것이다. 이 말은 행복이란 주변 환경에 의해서 결정되는 것이 아니라 내 마음속에서 상상하고 또 그것을 실제로 행복이라고 느끼는 긍정적인 마음의 상태를 말한다.

마음 하나 바꿈으로써 삶이 달라진다.

먼 곳에서 행복을 찾지 말고 가장 가까운 내게서 진리를 찾도록 하라. 행복을 찾아서 헤매지 말라.

그보다는 항상 모든 일에서 행복을 발견하려는 마음의 자세가 중요하다. 오직 자신을 등불로 삼고, 마음을 다해 지금 이 순간, 현재에 만족할 수 있도록 노력하라. 과거를 돌아보는 것도, 미래를 상상하는 것도 사실은 내가 만드는 내 마음속에 있다.

마음을 열어야 모든 사물의 본질을 볼 수 있다. 마음을 닫고 손가락을 달이라 여기는 우를 범해서는 안 된다. 손가락을 보지 않아야 달을 더 잘 볼 수가 있다.

이제 마음을 열자. 내 생각만이 최고라는 자기만의 아집과 사물에 대한 집착을 버리자. 그래서 달을 보는 지혜를 가지자. 그리고 이제는 손가락 너머에 있는 달을 보자.

마음으로 보는 세상

'내 몸이 천냥이면 눈은 구백냥'이라는 말이 있다. 물론 신체 어느 부위고 중요하지 않은 곳이 없지만 그 중 중요한 장기가 바로 눈이라는 이야기가 되겠다.

그러나 사람의 감각기관 중에 가장 중요하다고 믿는 눈이지만 우리는 바로 그 눈에 속고 있다.

지금 우리가 보는 모든 풍경과 사물은 바로 직전의 과거를 보고 있는 것이다.

또 우리가 흔히 말하는 착시와 개개인의 생각, 보는 각도에 따라 그 사물이 표현될 때 객관적인 일정한 설명이 나오지 않는 것을 우리는 흔히 본다.

오로지 겉만 보고 속을 못 보면 속기 쉽다. 보이는 것만 보고 보이지 않는 것을 보지 못하면 더 크게 속는다.

내가 남에게 속는 것은 그나마 상대를 탓할 수도 있지만, 내가 내 자신에게 속는 것은 부끄러워서 어디 가서 입도 뻥긋하기 어렵다. 육안만 있고 심안이 없으면 부끄럽게 살기 쉽다.

어느 왕이 철학자들과 함께 아름다움은 어디에 존재하는가에 관해 열띤 토론을 벌이고 있었다.

왕은 자신의 충직한 시종에게 화려한 보석이 박힌 모자를 주며 말했다.

"이 모자를 가지고 가서 저기 뛰어 노는 아이들 중에서 가장 잘나고 아름답게 보이는 아이에게 씌워 주거라. 네가 보기에 가장 예쁜 아이를 골라 씌워 주면 되느니라."

시종은 모자를 받아 먼저 왕자에게 모자를 씌워보더니 그 다음에는 말쑥하게 생긴 아이에게도 씌워보았다. 그는 계속 돌아가면서 다른 아이에게도 모자를 씌워 보다가 결국은 누가 보기에도 못생기고 모자가 잘 어울리지도 않는 아이에게 모자를 씌워서 왕에게 데려갔다.

"폐하, 모든 아이들 중에서 모자가 가장 잘 어울리는 아이는 바로 이 아이입니다. 그런데 이 아이는 미천한 소인의 자식이옵니다."

그러자 왕과 철학자들은 모두 고개를 끄덕이며 웃었다.

"과연 자네는 내가 알고 싶었던 것을 말해 주었구나. 여보게들, 잘 보았는 가. 이처럼 아름다움을 느끼는 것은 눈이 아니라 바로 마음이라네."

사람들은 겉으로 보이는 것에만 집착하기 쉽다.

마음으로 사물을 보면 하찮은 것에서도 아름다움을 발견하고, 느낄 수가 있다.

그러나 위에서의 이야기처럼 너무 주관적이거나 또는 욕심을 가지고 보면 자칫 치우친 마음을 가지게 된다.

어쨌거나 이 이야기가 주는 교훈은 마음이 가는 대로, 마음먹은 대로, 마음으로 보는 대로 본 것이라고 말할 수 있다.

객관적으로 그리고 다른 사람들도 공감하는 마음의 눈을 뜨기 위해서 때때로 자신의 삶을 바라보는 시간을 가져보자. 이를 위해서는 자신이 겪고 있는 행복이나 불행을 남의 일처럼 객관적으로 받아들일 수 있어야 한다. 자신의 삶을 순간순간 맑은 정신으로 지켜보면 비로소 모든 사물을 치우침 없이 보게 될 것이다.

자신을 객관적으로 보기 위해서는 먼저 조금 떨어져서 바라보아야 한다. 멀리서 봐야 '나'의 위치를 바로 볼 수 있다.

다음으로 한 계단 높은 곳에 올라서서 보아야 한다.

그리고 잠깐 멈춰 서서 보아야 한다. 그러면 내 안에 있는 나를 볼 수가 있다.

자, 이제 자신을 믿고 도전해 보자.

그러기 위해서는 모든 외부적인 요건들을 긍정적으로 해석하고 믿어야 한다. 사사건건 트집을 잡는 상사와 같이 일을 해야 한다면 스스로를 담금질하는 기회로 삼아라. 오히려 실력을 보여줄 수 있는 기회라 여기고 더 열심히 일하라. 상황은 다른 사람과 마찬가지이다.

그러나 보는 눈에 따라 그 해석과 방향이 달라진다. 긍정과 부정으로 갈리고, 행복과 불행으로 바뀐다. 무슨 일이든 어떻게 보느냐가 중요하다.

이치는 간단하다. 나의 마음 안에 또 하나의 눈, 즉 심안으로 보면 세상의 모든 이치를 다 들여다 볼 수 있다.

자신에게 일이 주어질 때 '저는 능력이 없어요.'라고 말하는 사람은 그 사람의 장애가 얘기하는 것이다.

과정을 너무 어렵게 생각하다보니, 기가 질려서 그 속에 갇히게 되는 것이다.

어떤 사람은 작은 뱀만 봐도 놀라서 기절을 하는데, 땅꾼은 뱀을 보면 생기가 돈다. 모든 것은 마음먹기에 달려있는 것이다.

'나는 무엇이든지 할 수 있고, 될 수 있다.'

이렇게 자신을 계속 인정해 주면 내 안에서 엄청난 용기가 샘솟게 된다.

육안을 감고 마음의 눈을 떠 보자. 그 눈앞에는 무한한 가능성의 바다가 펼쳐져 있다. 그 바다를 어떻게 항해하느냐는 우리, 바로 나의 몫이다.

마음으로 보는 세상, 그 무한하고 아름다운 세상을 향해 힘찬 발걸음을 내딛어 보자.

세상 속에서
내 존재의 의미

세상은 우리에게 한 없이 크고 넓게만 느껴지는 것이 일반적인 생각이다.

사실 자연의 한 부분인 우리로서는 그 자연의 일부분이요, 생물종의 한 종일 뿐이다. 그리고 인간으로서도 몇 십억 분의 일이고 인간사회에서의 한 일원일 뿐이다. 그렇게 생각하면 정말 하찮은 것이 인간이고, 거기에서는 자신의 존재의 의미를 찾을 수 없다.

그러나 한편으로는 인생이라는 거대한 서사시, 기나긴 연극, 인생역정에서의 주인공은 바로 나이고, 그러기에 나의 존재는 아주 중요하고, 내 존재의 의미를 찾아 나를 완성시키는 과정이 바로 세상을 살아가는 중요한 목적이 될 수도 있다.

당신은 자신을 느껴본 적이 있는가?

자신의 어떤 모습을 보기를 원하는가. 또 어떤 모습이 자신의 모습이라 생각하는가.

당신의 참 모습은 당신 안에 내재되어 있는 찬란한 보석을 캐내서 사용을 하게 되면 자신의 가치를 알게 될 것이다.

이제까지 당신은 세상의 두꺼운 벽에 의해, 그리고 잘못된 습관 속에서 자신의 모습을, 자신이 가지고 있는 귀중한 보석을 보지 못해서 자신의 존재 가치를 보지 못했던 것이다.

세상의 벽이 자꾸 높아만 보인다는 것은 결국은 내가 작아진다는 것이다. 살아가기가 점점 힘들어진다고 하는 것은 내가 약해진다는 것이다.

세상이 변하는 것 같지만 결국은 내가 변했다고 말할 수 있다.

내가 커지면 세상은 다시 편해 보이고, 벽은 낮아지고, 길은 편해질 것이다.

내 존재의 의미를 찾아가면, 그만큼 세상은 작아진다. 즉, 내 생각이 커지면 세상은 작아지고 세상과 나는 반비례하는 것이다. 아무리 멀고 긴 길도 꾸준히 걷다보면 언젠가는 다다르게 되어 있다.

사람들은 저마다 높은 이상을 품고 있으며, 누구나 한때 그 꿈을 이루기 위해 힘든 여행을 떠나본 경험이 있을 것이다. 그러나 많은 사람이 길이 험하다고 결국은 포기하고 만다.

인생이라는 여정은 자신의 생각대로 길이 있는 것이 아니고, 때로는 비가, 때로는 바람이 불어 순조롭게 여행을 할 수가 없다. 길이 멀고 울퉁불퉁 험해 힘이 들 때에는 더 조심하고, 더 천천히, 그러면서 오히려 이런 험한 길을 모험심을 가지고 즐기면서 갈 때 그 전에는 보이지 않던 것들이 비로소 보이게 되고, 그때 보이는 모든 것들이 더 감사하고 더 소중하게 다가오게 된다.

그래서 모든 경험은 소중하다. 좋은 경험, 안 좋은 경험, 아픈 경험, 슬픈 경험……. 이 모두가 통찰력과 분별력을 키워주는 고마운 스승이다.

지나간 상처, 앞에 올 상처를 두려워하지 말라. 그 아픈 경험이 자기 통찰력의 지평을 몇 계단 위로 올려줄 것이다.

마음이 초조하고 산만해지면 가만히 눈을 감고 마음을 비워라. 대응하려고 애쓰지 마라. 우리의 마음은 억지로 대응하려고 할 때보다 편안하게 마음먹었을 때 더욱 잘 그 해법을 내 놓는다. 매번 잡념이 거품처럼 끓어오르더라도 평정한 마음으로 가만히 명상에 잠기면 서서히 집중력이 되돌아오게 될 것이다.

출렁이던 호수의 물도 10분만 고요하면 잠잠해진다. 초조한 마음, 산만해진 마음도 마찬가지이다. 바삐 걷던 길을 잠시 멈춰 서서 마음에 일렁이는 사념을 가라앉히고, 새로운 기분으로 다시 걸어가 보자.

만일 당신이 자신의 존재의 이유나 존재의 가치를 인식하지 못하고 삶을 살아간다면, 아이들이 아빠 혹은 엄마의 인생의 목표가 뭐냐고 물었을 때 당신은 아이들에게 무슨 대답을 할 수 있을까. 따라서 먼저 스스로에게 '내 인생의 목적은 무엇일까.'라는 화두를 항상 가슴에 품고 살아가야 자식들에게도 그리고 나에게도 부끄럽지 않은 삶이 되지 않을까?

대개 성공한 사람들은 한 우물만 파고 한 가지에만 집중한다.

한 걸음을 잘 내 디디면 그 다음에 한 걸음을 잘 나갈 수 있다. 한 걸음을 제대로 안 디디면 두 번째 걸음도 못 걷게 된다. 한 발 한 발을 정확하게 자기가 디딜 자리가 어디인지를 알고 목표를 향해 가야 한다.

자기 존재의 의미는 자기가 확실하게 디딜 수 있는 발판이 보일 때 자기 존재의 의미가 있으며 성실한 사람은 매번 디딜 발판을 본다. 발판

하나를 디디고 나면 그 다음 발판이 보인다.

자기 존재의 의미를 갖는 것은 비전이 분명하고 전체를 볼 줄 알기 때문이다. 발판을 확실히 한 발짝, 한 발짝 딛고 갈 때 자기 존재의 의미가 있듯이 자기 존재의 의미가 확실한 사람이 제일 행복한 사람이다.

세상을 살아가면서 과연 나의 존재의 의미가 무엇일까 하는 생각을 하는 것만으로도 당신은 당신의 가치를 한 단계 업그레이드시킬 수 있을 것이다.

숲을 나서야
숲이 보인다

사람에게 눈이 두 개인 이유는 내가 보고자 하는 것만 보지 말고 두루 두루 보라는 뜻이며, 귀가 두 개인 이유는 내가 듣고자 하는 것만 듣지 말고 모든 소리를 들으라는 뜻이다.

많이 아는 만큼, 경험이 많은 만큼, 인격이 높은 만큼, 드러내서 자신을 과시하는 것보다는 좀 더 겸손하고 신중한 태도로 상대방의 말을 경청하고 또 거기에서 자신의 지혜의 창고문을 열어 보다 합리적인 대안을 찾으라는 말과 같다. 이는 벼는 익을수록 고개를 숙인다는 말과도 상통한다. 좀 더 겸손하게 그러나 옳은 일에는 확실하게 자신을 드러내는 모양새를 갖춰야 한다.

그러나 일반적으로는 자신의 지식을 자랑하고, 또는 자신의 그 영역에 갇혀서 남의 의견은 무시하고 오로지 자신의 숲 속에서 헤매는 경우가 종종 있다. 숲을 나서야 비로소 숲이 보이는 것이다. 숲속에서는 그 숲을 볼 수 없고, 한 뼘밖에 안 되는 주변의 풀숲만 보인다. 한마디로 우물 안 개구리가 되는 것이다. 그 우물을, 그 숲을 탈출하기는 참으로 어렵다. 그 숲을 벗어나 세상을 보았을 때 우리는 그 숲과 어우러진 세상을 바로 볼 수 있는 것이다. 나만의 생각에서 벗어나자는 이야기이다.

다음의 두 이야기는 멀리 넓게 본 사람과 그렇지 못한 사람의 이야기이다.

평안북도 정주에 머슴살이하던 청년이 있었다.

눈에는 총기가 있고 일머리를 알고 있는 성실한 청년이었다. 누구보다 일찍 일어나 마당을 쓸고 무슨 일이든지 피하지 않고 늘 앞장섰다. 아침이면 주인의 요강을 깨끗이 씻어 햇볕에 잘 말려 다시 방에 들여 놓았다.

주인은 이 청년을 머슴으로 두기에는 너무 아깝다고 생각해서 평양의 숭실학교에 입학시켰다. 그때 그의 나이 23세의 만학이었다.

이후 일본으로 유학을 떠나 명치대학을 졸업하였다.

공부를 마친 청년은 다시 고향으로 돌아와 오산학교 선생님이 되었다.

요강을 씻어 숭실학교에 간 그 사람이 바로 독립운동가 조만식 선생님이다.

사람들이 머슴이 어떻게 대학에 가고, 선생님이 되고, 독립운동가가 되었느냐고 물어보면 "주인의 요강을 정성들여 씻는 정성을 보여라."라고 대답했다.

남의 요강을 닦는 겸손과 자기를 낮추고 무슨 일이든지 열심히 하는 모습을 간과하지 않은 주인의 멀리 보는 눈이 빛나는 대목이다.

다음 이야기는 바다 건너 미국 이야기이다.

미국 남북전쟁이 터지기 몇 해 전 오하이오주의 대부호 테일러 씨의 농장에 초라한 행색의 한 소년이 들어왔다. 17세의 짐이라는 소년이었다.

일손이 많이 필요한 농장에서는 이 소년을 일꾼으로 채용했다.

짐은 성실한 태도로 열심히 일했다.

3년이 지나 건장하고 잘생긴 청년으로 성장한 짐에게 이 집의 외동딸이 사랑을 느꼈고, 두 사람은 사랑을 하게 되었다.

이 사실을 알게 된 테일러 씨는 짐을 때려서 맨 몸으로 내 쫓았다.

세월이 흘러 35년이 지난 뒤 낡은 창고를 정리하던 테일러 씨는 짐의 보따리를 발견하게 되었다. 한 권의 책 속에 그의 본명이 적혀있었다.

'제임스 A. 가필드.' 당시 대통령의 이름이었다.

제임스 A. 가필드는 히람대학을 수석으로 졸업하고 육군소장을 거쳐 하원의원에 여덟 번 피선된 후 대통령에 당선된 것이었다.

어쩌면 그는 딸보다 더 보는 눈이 없었던 것이 아닐까.

한 사람은 자신의 눈높이, 자신의 환경에서만 본 것이 아니라 자신의 입장에서 보면 미천한 머슴에게서 큰 가능성을 보는 넓게, 멀리 보는 혜안을 가졌고, 한 사람은 자신만의 세계에 안주하다 큰 인물을 보지 못하는 우를 범했다.

지금까지와는 다른 세상을 보고 다르게 살기를 원한다면, 지금까지

내가 선택한 행동이 타인의 시선에서 자유로울 수 있었는지, 또 그것이 원하는 것을 얻게 해주었는지도 한 번 생각해 봐야 한다.

삶을 크게 생각하고, 나만의 생각에서 벗어나 세상을 보라. 그렇게 할 때 내 세상이 보이고 열린다.

가슴 뛰는 삶을 살기 위해서는 고정관념을 버려야 한다. 꿈과 현실은 고정관념일 뿐이다. 나만 유독 힘들다고 신을 원망하지 마라. 현실이 힘든 것은 내가 부족하기 때문이다. 기회는 노력하고 한 우물을 파는 열정을 가진 사람에게 온다는 것에 긍정하고, 꿈이 현실이 되도록 해야 한다.

먼저 인간이 되라. 이해타산에 젖지 말고 좋은 사람을 만나도록 하라. 그러기 위해서는 나부터 좋은 인간성을 갖기 위해 노력해야 된다.

적을 만들지 말라. 쓸데없이 남을 비난하지 말고 적을 내편으로 만들 수 있는 능력을 키워라.

함께 있으면 즐거운 사람, 함께 하면 유익한 사람이 되라. 든 사람, 난 사람, 된 사람, 그도 아니면 웃기는 사람이라도 되라.

하루에 세 번 참고, 세 번 웃고, 세 번 칭찬하라. '참을 인'자 셋이면 살인도 면한다고 한다. 미소는 가장 아름다운 자기관리이며, 칭찬은 고래도 춤추게 한다. 세 번씩 열 번이라도 참고, 웃고, 칭찬하라.

미워하는 사람을 만들지 마라. 보면 괴로울 뿐이다. 살다보면 사랑하는 사람도 생기고 미워하는 사람도 생기게 마련이다. 그렇지만 미움은 사람을 힘들게 하고 서로를 못되게 한다. 미움도 사랑으로 감싸라.

"사람의 마음은 경솔하고, 흔들리기 잘하고, 바로 지녀 보호하기 힘들다. 그러나 지혜 있는 자는 스스로 바르게 갖는다."

《법구경》에 있는 이야기이다.

강물에 돌을 던지면 파문이 일듯이 우리는 타인의 무심한 한마디에 상처를 입는다.

그럴 때 그 타인의 시선에서 나를 보면 스스로 중심을 잡고 나를 다스릴 수 있을 것이다. 그러면 나의 삶도 달라질 것이다.

나를 버리고 나를 보는 것, 즉 숲을 나와야 숲을 볼 수 있는 것처럼 나에게서 나와야 비로소 열린 세상을 볼 수 있다.

내 눈에 보이는 것만이 전부는 아니다. 또 같은 사물이라도 각도를 달리했을 때 새로운 면이 보인다. 세상 모든 것은 마음먹기에 달렸다.

이제 숲을 나와 숲을 보자.

자존감을
가지고 살기

　우리는 스스로 사고할 능력도 없는 돌때부터 자신의 미래 또는 자존
감 혹은 자신의 정체성을 강요받는다. 돌잔치에 올라있는 각종 물품
들, 즉 연필, 돈, 실타래, 음식 등을 집는 것을 보고 사람들은 아이의
미래를 점치기도 한다.

　그리고 서서히 철이 들어가기 시작할 무렵부터는 자신의 존재감을 깨
닫게 되고 자신의 미래를 스스로 결정한다. 어떻게 보면 황당한 꿈일
수도 있지만 자신만의 세계를 그리며 나름 그에 걸맞은 노력을 하기도
한다.

　대통령으로부터 시작해서 점점 나이가 들어가면서 자신에 걸맞은,
또는 자신의 능력과 이상에 맞는 그런 현실적인 꿈으로 자신을 만들
어간다.

　자존, 사전적인 뜻으로는 자기의 존재 또는 자기 힘으로 생존함이라
고 되어 있고, 한자에 따라서 스스로 자기를 높임 또는 긍지를 가지고
자기의 품위를 지킴이라고 나와 있다. 어떻게 보면 전혀 다른 것 같이
생각되기도 하지만 스스로 자기 자신을 높여 긍지를 가지고 자기 힘으
로 생존한다고 생각하면 한 가지 뜻이라고 할 수 있겠다.

사람은 누구나 자기 자신에게 관심이 있다. 영웅이 되고 싶고 자신이 이야기의 주인공이 되기를 원한다. 이 사실은 바로 사람마다마다 자존감을 가지고 살아가고 있다는 것이다.

자존감을 가기고 살기 위해서는 먼저 삶을 크게 도약시킬 수 있는 피터 템즈의 세 가지 단계의 사고를 살펴볼 필요가 있다.

사고의 1단계는 '내가 어떻게 느끼는가?' 혹은 '내 눈에 내 자신이 어떤 모습인가?'가 세상을 이해하고 행동을 취하기 위한 가장 중요한 질문이다. 자기 기분 외에는 아무것도 따지지 않는 수준이 1단계적 사고다.

2단계 사고는 '내가 어떻게 느끼는가? 내 눈에 내 자신이 어떤 모습인가?'에서 '남들은 나에 관해 어떻게 느끼는가? 남들의 눈에 나 자신은 어떤 모습인가?'로 바뀐다. 이것은 대단한 발전이다. 타인과 타인의 세계관이 중요하다는 사실을 깨닫기 시작한 것이다.

3단계 사고는 '내 느낌'이나 '나에 관한 남들의 느낌'이 아니다. 남들이 '그들 자신'에 관해 어떻게 느끼느냐가 3단계 중심 질문이다.

별 차이가 없어 보일지 몰라도 그 차이는 무척 크다. 물건 판매를 예로 들어보면, 1단계 사고를 하는 판매인은 자기 성과에만 관심이 있고, 2단계 사고를 하는 판매인은 고객에게 잘 보이기를 원한다.

반면 3단계 사고를 하는 판매인은 고객이 자신을 알아주지 않아도 괘념치 않는다. 오직 고객의 목표를 이루는 것에 관심이 있고, 고객이 즐거워하면 자신도 만족한다. 그렇기 때문에 남들을 먼저 생각하는 3

단계 사고를 하는 사람에게 자기완성의 길이 더 가까이 있는 것이다.

당신만의 작은 세상에 갇혀 홀로 영웅행세를 하며 평생을 허비하고 싶은가?

아니면 1단계 사고를 넘어 남들의 눈을 통해 자신을 보고 당신의 행동과 말을 그럴듯하게 바꾸는 2단계 사고에 머물겠는가?

2단계도 나쁘지 않지만 제일 좋은 것은 3단계이다. 이러한 3단계의 사고를 가지고 세상을 바라보면 세상의 이치가 보다 가까이 있는 것을 느낄 것이다.

자신의 존재감을 느끼기 전에 먼저 남을 보는 눈, 관조하는 눈을 가지는 것이 자신을 보다 소중하게 여기고 존중하는 보다 빠른 길이 될 것이다.

직장생활을 하다보면 기계적으로 돌아가는 일상 속에서 자신의 존재감을 잊고 살아가는 것이 당연하다고 여기고 또 그렇게 생각하다보면 정말로 자신의 존재감을 잊게 된다.

마찬가지로 가정에서도 누구의 아빠, 엄마 혹은 가족의 구성원으로서의 역할만 하다보면 자신의 존재감을 잊을 수 있다.

가끔 '내가 이 세상에 존재하는 이유는 무엇일까? 과연 세상은 나를 필요로 할까?'라는 질문을 자신에게 던져 스스로를 깨우는 것이 필요하다.

내 주위를 돌아보면 나를 필요로 하는 일들이 있고, 나로 인해 위로와 기쁨을 얻는 사람도 있다. 나의 존재감, 자존감이 느껴지는 순간이다.

그리고 항상 스스로에게 최선의 삶을 살고 있다고 격려해주자. 그러기 위해서는 항상 자신 있는 마음을 가지고 생활하는 것이 중요하다. 이미 경험했던 것을 자신 있게 하는 것보다, 해보지 않은 것을 자신 있게 할 때 더욱더 자신감이 있다고 할 수 있다.

자신감은 꾸준히 하다보면 더 좋아지고 더 발전한다. 따라서 자신감은 스스로 만들어 가는 것이라 말할 수 있다.

최선을 다한다는 것은 젖은 수건에서 물을 짜는 것이 아니라 마른 수건을 한 번 더 짜서 물방울을 만드는 것이다. 이렇게 최선을 다하는 모습에서 스스로에게 자신감이 생기고, 자신에게 감동하고, 자존감이 생기는 것이다.

당신이 찾는 것, 즉 자신을 찾는 것, 그 자존감은 이미 자신이 가지고 있는 것이다.

그것을 깨어나게 하는 것, 그것은 당신 몫이다. 당신의 존재감, 지금 자신이 원하는 모습은 자신 안에 있고, 그것이 깨어났을 때 당신은 존재감을 찾게 될 것이다.

스스로 자기를 높이고 긍지를 가지고 자기의 품위를 지키는 당신. 당신의 존재감은 원하는 모습이 되기 위해 노력하는 바로 그때 더욱 빛을 발하고, 그렇게 되면 비로소 원하는 그곳에 한 발 다가선 당신을 보게 될 것이다.

^^ 웃는 날 ^^
월 : 원래 웃는 날

화 : 화사하게 웃는 날
수 : 수수하게 웃는 날
목 : 목숨 걸고 웃는 날
금 : 금방 웃고 또 웃는 날
토 : 토실토실 웃는 날
일 : 일 없이 웃는 날

숲을 나서야 비로소 숲이 보인다

삶에 대한 소고

언제나 불평불만으로 가득 찬 사나이가 있었다.

사나이는 자신을 늘 재수 없는 사람이라고 생각했다.

한 번은 마을 사람들이 다 모여서 멀리 있는 곳으로 짐을 옮기게 되었다.

사나이도 다른 사람들처럼 짐을 짊어지고 나섰다.

한참 가다 보니 사나이는 다른 이들보다 자신의 짐이 더 무겁고 커 보여 몹시 기분이 나빴다.

'난 역시 재수가 없어!'

그는 갑자기 힘이 빠져 가장 뒤처져서 걸었다.

길이 너무 멀어 마을 사람들은 중간에서 하룻밤을 자고 가게 되었다. 이때 다 싶어 사나이는 모두가 잠든 깊은 밤에 몰래 일어나 짐을 쌓아둔 곳으로 살금살금 걸어갔다.

사나이는 어둠 속에서 짐을 하나하나 들어보았다. 그리고는 그중 가장 작고 가벼운 짐에다 자기만 아는 표시를 해두었다.

날이 밝자 그는 누구보다 먼저 일어나 짐이 있는 곳으로 달려갔다.

그런데 그 짐은……

바로 어제 온종일 자신이 불평하며 지고 온 바로 그 짐이었다.

《세상에서 가장 쉬운 일》 중에 있는 이야기이다.

'남의 떡이 커 보인다.'라는 말과 일맥상통하는 이야기이다.

살아가면서 조금도 손해 보지 않고 살 수는 없다.

그런데 손해를 보면 아까운 생각이 드는 손해도 있고 손해 보면서도 괜히 기분이 좋아지는 손해도 있다. '내가 조금 손해를 보면 남이 그만큼 이득을 보겠지.' 하는 생각을 가지고 살아가다 보면 더불어 사는 삶이 그렇게 팍팍하지만은 않을 것이다.

무소유의 삶을 추구했던 법정스님은 이렇게 말했다.

"인간의 목표는 풍부하게 소유하는 것이 아니고 풍성하게 존재하는 것이다."

세상에는 많은 길이 있다. 인생이란 그 많은 길을 따라 걸으면서 저마다의 발자취를 남기는 긴 여정이다.

세상으로 난 길뿐이 아니라 사람과 사람 사이에도 마음의 길이 있다. 그 길을 따라 가까워지기도 하고, 때로는 멀어져서 다시 못 만나기도 한다.

김수한 추기경은 말했다.

"인생에 있어서 가장 긴 여행은 머리에서 마음에 이르는 길이다."

머리로 생각한 사랑이 가슴에 이르는 데 칠십년이 걸렸다고 한 김수한 추기경의 진솔한 고백은 마음으로 사랑하는 일이 쉽지 않음을 일깨우고 사랑의 마음을 어디 간직해야 하는 지 다시금 돌아보게 한다.

세상만사 마음먹기 달렸다는 말처럼 마음만큼 중요한 것은 없을 것이다. 내 것이면서도 내 마음대로 할 수 없는 것이 바로 마음이다. 마음 먹기에 따라서 세상은 천국이 되기도 하고 지옥이 되기도 한다. 앞으로 나아가게 하는 것도 마음이고 주저앉게 하는 것도 또한 마음이다.

나를 움직이게 하는 가장 큰 힘의 원천, 마음의 주인이 되면 세상의 주인으로 살 수 있다.

헬렌 켈러는 그 마음을 《사흘만 볼 수 있다면》이라는 책을 통하여 절실하게 표현했다.

들을 수 있다는 게 얼마나 고마운지 아는 사람은 귀머거리뿐입니다. 볼 수 있다는 것만으로도 얼마나 다채로운 축복을 누릴 수 있는 지는 소경밖에 모릅니다. 특히 후천적인 이유로 청각이나 시각을 잃어버린 사람이라면 더욱 감각의 소중함을 절실히 깨닫습니다.

하지만 시각이나 청각을 잃어본 적 없는 사람은 그 능력이 얼마나 축복받은 것인지 제대로 알지 못합니다.

누구나 막 성년이 되었을 즈음 며칠 동안만이라도 소경이나 귀머거리가 되는 경험을 해 볼 수 있다면, 그것이야말로 진정한 축복일 수도 있다고 생각합니다.

어둠은 볼 수 있다는 게 얼마나 감사한 일인지 일깨워 줄 것이며, 정적은 소리를 들을 수 있다는 게 얼마나 기쁜 일인지 알려줄 것입니다.

그렇지만 사람들은 세상을 있는 그대로 보지 않는 때가 많다. 자신들의 눈에 보이는 것만, 또 자신이 보고 싶은 것만, 필요한 것만 보는 경향이 있다. 이러한 시각의 편향에서 벗어나는 것이 중요하다. 때로는 상대방의 입장에서 상대방이 되어서 사물을 바라보면 내가 보지 못했던 많은 것들이 보일 것이다.

가을이 깊어져 낙엽이 떨어지면 마음 한 구석이 시려지면서 괜히 쓸쓸해진다. 하지만 쓸쓸함이란 것도 내가 존재하기에 느낄 수 있는 마음의 변화인 것이다. 쓸쓸함을 즐거운 마음으로 바꾸면 곧 즐거운 마음이 그 쓸쓸함을 대체할 것이다.

삶의 가치는 행복으로 말한다고 한다.

그런데 미국 노스캐롤라이나대학 심리학과 교수팀의 연구 결과에 따르면, 우리 몸에는 좋은 행복과 더불어 나쁜 행복도 존재한다고 한다.

면역 조건이 동일한 80명의 성인을 대상으로, 사회적 교류나 성취감으로부터 오는 '목적 지향적 행복'과 맛있는 것을 먹는 등 단순히 욕구를 채우는 것으로부터 오는 '쾌락적 행복'을 구분해 면역 세포에 차이가 있는지 실험했는데, 그 결과 쾌락적 행복을 느낀 사람들은 혈액 단핵구 세포에서 스트레스와 연관돼 면역력을 약화시키는 염증 발현 유전자가 증가하는 반면, 목적 지향적 행복은 이 유전자가 억제된다는 것을 확인했다.

정신적으로는 쾌락적 행복이든 목적 지향적 행복이든 똑같이 느끼지만, 신체는 어떤 행복감인지 이미 인지하고 달리 반응한다는 것이다.

쾌락적 행복감을 가질 때 신체는 감정적이고 무의미한 열량 소모를 많이 한다고 한다. 이른바 나쁜 행복이다.

우리가 나쁜 행복을 진정한 행복이라고 잘못 알고 그것을 추구하다

아차 후회하는 것처럼 삶을 살아가면서 누구에게나 되돌리고 싶은 순간이 있다. 정말 몰라서 잘못 든 길도 있고 잘못 든 길인 줄 알면서도 어쩔 수 없이 걸어간 길도 있다. 그때 우리는 생각한다. 다시 그 시간들을 살아 볼 수만 있다면 한 점 후회도 없는 멋진 삶을 살아낼 거라고……

하지만 시간은 되돌릴 수 없고 흘러가는 강에서 배를 타고 가다가 칼을 강물에 빠뜨리고 빠뜨린 지점을 배위에 표시한들 강기슭에 닿아 표시한 지점에서 칼을 찾을 수 없듯이 시간은 쉼 없이 흘러간다.

신은 매순간 축복을 내리는데 삶에 닥치는 불운과 실수는 우리 스스로 만드는 것이다. 따라서 신이 내린 축복을 그때그때 놓치지 않고 우리 것으로 만드는 것은 오롯이 우리 몫이다.

삶은 어떤 교과서도 없고 또 내가 그 교과서를 쓸 수도 없다. 만약 삶에 교과서가 있다면 삶은 재미도, 스릴도 없는 무미건조한 사막과도 같은 인생이 될 것이다. 결국 삶은 내가 개척하고 내가 만드는 것이다.

각자 추구하는 삶이 다르므로 내가 추구하는 삶이 완성되면 그것이 바로 성공이다. 내가 만드는 삶이 가장 가치 있는 삶이고, 또 그것을 이루기 위해 부단한 노력을 하는 것이 삶이다.

내 삶의 목표를 세우고 그 목표를 향해 매진하라.

내 안의
보석을 찾아서

흔히 하는 말로 '돼지 목에 진주목걸이'라는 말이 있다.

아무리 좋은 보석도 그 가치를 알지 못하면 보석으로서의 효용가치가 없다는 말이다. 보석도 볼 줄 아는 사람에게나 가치가 있는 것이다. 사람도 그렇다. 자신을 소중히 여기는 사람일수록 가치 있는 인생을 살 수 있다.

사람에게는 저마다 주어진 능력이 있다.

그러나 그러한 능력도 내 안에서 끌어내지 않으면 흙속에 묻힌 보석이 되고 만다.

갓 부화된 독수리가 어미를 잃고 닭장에서 닭들과 함께 사육되고 있었다.

그 독수리는 자기가 모든 새의 왕이라는 사실을 모른 채 병아리들과 함께 하루하루를 지내고 있었다.

이를 안타깝게 여긴 사람이 독수리를 높은 산으로 데리고 가 마침 하늘을 날고 있던 거대한 독수리를 가리키면서 이렇게 말했다.

"저기를 보렴. 저 거대한 독수리는 모든 날개 달린 짐승의 제왕이란다. 지금 너는 닭으로 살고 있지만 거대한 날개와 제왕의 심장을 가진 독수리요, 바로 새들의 왕이란다. 가거라. 힘껏 날개를 펼치고 독수리로 살아가거라."

결국 독수리는 자신을 찾고 모든 새의 왕으로서 남은 생을 살게 되었다.

우리 역시 누구나 독수리와 같은 거대한 날개와 심장을 가지고 태어났지만 현실과 타협하고 안정을 찾기 위해 자기 그릇을 작게 축소해 소시민처럼 하루하루를 살아간다.

자신의 가치를 인정하고, 자신의 본능을 되살린다는 것은 자신이 원하는 것이 무엇이며, 왜 그것을 원하는지를 아는 것이다.

지금 이 순간을 받아들이면서, 전심전력으로 목표를 향해서 한 발, 한 발 나아가다보면 내 안에 있는 독수리와 같은 본능이 적시적소에서 나타나게 된다.

이런 능력 발현 과정과 단계에서 일이 잘 풀린다고 경거망동하지 말고 잘 안 된다고 낙심하거나 비관하지 말아야 한다.

삶의 묘미는, 최고의 기회가 최악의 시간 동안 만들어진다는 것에 있다고 한다.

내일 일을 누가 알겠는가? 순간순간을 전심전력으로 갈고 닦으면서 기회를 포착할 준비를 해야 한다. 그것이 바로 우리가 해야 할 현명한 선택이다.

당신의 영웅은 누구인가? 특히 당신만의 영웅은 구인가?

당신의 삶을 변화시킨 사람, 당신의 인생의 방향을 부정에서 긍정으로, 어두움에서 빛으로, 절망을 희망으로, 그래서 당신을 보석으로 바꾸어 놓은 사람이 바로 당신만의 영웅이 아닐까?

그렇다면 당신도 누군가의 영웅이 될 수 있다. 더불어 우리는 모두 서로에게 영웅이 될 수 있다.

당신이 미처 알아보지 못하고 있는 당신만의 영웅은 없는가?

당신의 삶에 아주 중요한 역할을 하고 있는 그 누군가에게 오늘 당장 감사의 뜻을 전하자.

그 영웅이 아니었다면 지금 당신의 삶이 어떻게 되었을지 생각해 보자. 그리고 당신도 누군가의 개인적인 영웅일 수 있다.

배려와 위로, 친절은 한 사람의 삶을 당신이 상상할 수 없을 정도의 가치 있는 보석으로 심오하게 바꿔놓을 수 있다.

당신 자신을 위해서 최고의 보석을 생산할 수 있는 사람은 바로 당신이다. 가치 없는 원석에서 벗어나려면 당신이 이미 가지고 있는 자신을 만나야 한다. 그러면서 포기하지 않는 것은 기본이다. 그 포기하지 않는 것을 넘어 더 큰 희망과 긍정의 마음을 가진 사람이어야 한다. 아무리 힘든 여정일지라도 포기는커녕 '더 좋은 일이 있을 거야.'라고 생각하는 긍정적인 마인드를 가진 사람이어야 한다.

인디언들은 비가 오지 않으면 비가 올 때까지 기우제를 지낸다고 한다. 이른바 '인디언 기우제'이다.

비가 내리지 않는 하늘이란 없다. 포기하지 않고 열심히 노력하면 언젠가 당신은 훌륭한 보석으로 재탄생될 것이다.

해답은 바로 당신이다. 그것을 사용하면 되는 것이다.

행복도 당신에게 있다.

성공도 당신에게 있다.

당신은 보석이다. 그것도 보통의 보석이 아니고, 하늘아래 오직 하나 밖에 없는 보석이다. 그 가치를 스스로 소중하게 여겨야 한다.

이제 당신은 그 보석을 더욱더 아름답게, 더욱더 빛나게 다듬고 가꾸어서 누구에게나 가치 있는 화려한 보석으로 재탄생되도록 해야 한다.

나를 찾아가기

우리는 스스로 내 인생의 주인공으로서 각본 없는 인생을 살아가고 있다.

나를 찾기.

지금 하고자 하는 이 말은 종교나 철학에서 말하는 자아를 찾는 것과는 약간 차원이 다르게 나의 정체성이 무엇인가에 대해서 한 번쯤 자신을 뒤돌아보고 과연 나는 나의 정체성을 찾아서, 내 인생을 내 정체성에 맞게끔, 또는 나를 잘 표현하면서 살아가고 있는가에 대한 의문부호를 던져보자는 이야기다.

우리는 흔히 자기와의 사랑을 잘 잊어버린다.

자신을 잊어버리고 주위 사람들이 나를 사랑해주지 않는가, 또는 내가 사랑할 사람이 없나? 이렇게 사랑에 대해 2인칭적인 거래를 하고 있다. 이러한 사랑은 내가 주인공이 아니고 단지 단순히 외로움을 극복하기 위한 하나의 방법이라고 할 수 있다.

자기 자신과 사랑을 잘 하는 사람은 남의 사랑을 구걸하거나 기다리지 않는다. 앞서거니 뒤서거니 하며 가는 인생길, 언제 어디선가 평생 가슴속으로 기억되는 길동무를 만나는 때가 반드시 있을 것이다.

따라서 내가 먼저 가슴을 열고 길을 가면 사랑을 구걸하지 않아도 나를 기억하는 사람, 나를 사랑하는 사람을 반드시 만날 수 있을 것이다.

때로는 자신을 비울 필요가 있다. 비움은 자신에 대한 사랑을 의미한다.

여행 가방이 가득 차 있으면 다른 것을 담을 공간이 없어진다. 내 인생의 가방, 마음의 가방도 마찬가지이다. 그 안에 '나'가 가득하면 다른 사람이 비집고 들어올 여지가 없어진다.

나의 과거나 환상을 내 마음속에서 비워야 비로소 인간적인 여백을 가진 사람으로 다시 태어난다.

재능은 사람들 머릿속에 기억되지만, 배려와 인간적인 여백은 사람들 가슴속에 기억된다.

사람이 살아감에 있어 여러 가지 경우를 당할 수가 있는데, 우리는 종종 자신의 감정을 드러내는 것에 거부감을 느끼는 경우가 많이 있다.

그러나 사람이 항상 고상할 필요는 없다. 좌절했을 때, 화났을 때, 때로는 분노했을 때 자신을 터뜨려보는 것도 자신을 아는 데 큰 도움이 될 수 있다. 평소 품위를 지키는 것만으로도 충분하다.

선생님이 당연히 화를 내야 할 때 화를 내지 않으면 그 학생들의 분별력이 떨어진다.

마땅히 울어야 할 때 울지 않으면 영혼의 우물이 메마르게 된다.

사람의 품위는 꾸밈이나 가식에 있지 않고, 있는 그대로의 모습, 바로 평소의 삶 속에 녹아있다.

누구든 항상 고상할 수는 없기 때문에 때로는 자신을 드러낼 필요도 있는 것이다.

'남자는 남자다워야 한다. 또는 여자는 여자다워야 한다.'라는 말을 흔히 듣는다.

그러한 말 속에는 무수한 족쇄가 숨겨져 있다.

남자는 울면 안 되고, 쉽게 감정을 드러내거나 의사표현을 해서도 안 되며, 여자는 과묵한 남자를 사랑한다는 교육과 문화 속에서 우리는 살아왔다.

섣불리 자신의 속내와 단점을 꺼내놓는 것은 경쟁자에게 미끼를 던져주는 것과 같다고 흔히 생각한다.

그보다 더 큰 문제는 자신이 착한 남자라는 고정된 이미지에서 벗어나는 일을 두려워한다는 것이다.

그래도 남자는 남자다워야 한다.

그리고 여자 역시 여자다워야 한다.

문제는 남녀를 불문하고 먼저 자기 자신의 정체성을 파악하라는 것이다.

가슴이 따뜻한 사람, 그래서 눈물을 흘릴 줄도 아는 사람, 그러나 때가 아니면 기다릴 줄도 아는 사람, 부드럽고 선한 마음의 사람, 그러나 대의 앞에서는 무서운 호랑이가 되는 사람. 그런 사람이 되노라면 남자는 더 남자답게, 여자는 더 여자답게 된다.

결국 나를 알아가는 것이, 스스로 나를 알아가는 것이 그 결론이다.

다시 말해 나를 알아가는 것, 그것은 종교나 철학에서 이야기하는 그런 자아를 찾고, 끊임없이 나를 찾아 해탈을 구하는 것이 아니라 나의 능력과 내가 할 수 있는 일, 그리고 정도를 벗어나지 않는 '나'를 발견하는 것이라 할 수 있다.

모든 일에 최선을 다하는 당신
언제나 웃으면서 친절하게 대하는 당신
베풀 줄 아는 마음을 가진 당신
아픔을 감싸주는 사랑이 있는 당신
약한 자를 위해 봉사할 줄 아는 당신
병든 자를 따뜻하게 보살피는 당신
늘 겸손하게 섬길 줄 아는 당신
그런 당신은, 정말 아름다운, 나를 찾은 사람,
바로 당신, 바로 여러분들······.

가을,
그 결실의 의미

아침저녁 제법 날씨가 쌀쌀해지고, 들녘은 누런 황금빛으로 물들고, 사과나무에 매달린 사과는 발갛게 볼을 붉히고 있다.

한마디로 가을은 결실의 계절이다.

나를 뒤돌아보자.

과연 나는 내 인생에 있어서 알찬 열매를 맺고 있는가.

남들이 나를 볼 때 탐스럽게 영글어 가고 있다고 생각하겠는가.

바꾸어 말하면 내가 내 분야에 있어서 전문가가 되었는가.

전문가라는 것은 자신의 분야에 있어서 해박한 지식을 갖고 있다거나 어떤 기술에 있어서 장인의 경지에 오른 사람이라고도 정의할 수 있지만 단지 그 분야의 지식이 많다거나 달인의 경지에 올랐다는 것만으로는 충분하지 않다.

오히려 그 분야에 얽매이지 않고 자유로워져야 만이 진정한 전문가라고 할 수 있다.

자유로워진다는 것은 자기 전문분야에서 이미 경지에 오른 상태이면서 하는 일을 심플한 방법으로 즐기며, 여유를 가지면서도 명확한 결과

물을 만들어내는 것이다.

일반적으로 드러난 결과만을 가지고 이해하려는 태도는 오해를 불러오기도 한다.

마치 단순한 추상화를 보면서 화가가 그 추상화를 완성하기 위해 구도나 스케치 같은 기본적인 것을 몇 천 번, 몇 만 번 반복 연습했는지 헤아리지 못하는 것과 같은 이치일 것이다.

모차르트에게도 한두 음절을 수백 번 넘게 반복하는 시간이 있었고, 타이거우즈도 두 돌 되지 않았을 때부터 아버지의 스윙을 수천 번 지켜보면서 시작했다.

봉은사 현판의 '판전'이란 글은 보기에는 뭔가 좀 어수룩해 보이는데 최고 경지의 필체라고 한다. 추사 김정희 선생의 운명 3일 전의 작품이란다.

결국 이 이야기의 핵심은 '기본에 충실하라.'라는 것이다.

'Back to the Basic.'

이것은 곧 발전의 시작이기도 하다.

나를 업그레이드시키는 가장 쉬운 방법은 바로 그 가장 기본적인 것부터 충실히, 그리고 지속적으로 실행하는 것이다.

그리하면 쌓이는 시간과 노력 속에서 자신의 전문성은 점점 더 깊이 있어지고 결과물은 더욱더 알차고 풍성하면서 자신은 더 자유로워질 것이다.

숯이 압력을 받으면 다이아몬드가 된다고 한다.

여러분에게는 수많은 다이아몬드가 숨어있어 이제나 저제나 세상 밖으로 나가기를 기다리고 있다.

고통은 바로 숯을 다이아몬드로 바꾸는 압력이다.

고통, 다시 말해 피나는 노력은 여러분을 보다 완전한 인간이 되도록 해주는 하나의 과정이요, 축복일 수 있다.

이제 막 씨앗을 뿌려놓고 열매부터 따겠다고 덤비는 경우가 많다.

그러나 열매는 싹이 자라는 봄철과 뜨거운 여름 햇빛을 거쳐야 비로소 토실한, 그리고 맛있는 가을의 결실을 얻을 수 있는 것이다.

성공의 열매가 익기까지 견뎌내야 하는 고통의 시간에 대한 인내가 없으면 여러분 안에 내재되어 있는 수많은 다이아몬드는 끝내 환생하지 못하고 숯으로 머물고 말 것이다.

이 가을, 결실의 의미를 다시 한 번 생각하는 시간을 가져보자.

그리고 여러분들은 세상에서 가장 귀한 다이아몬드임에 틀림없다.

나를 변화 시키자
─ 패러다임의 전환

사물이나 세상을 지각하고 해석하며 이해하는 방식을 패러다임이라고 한다.

이는 모델, 관념, 지각, 시각, 준거틀 등을 의미하는 말로 사용되고 있다.

우리는 사물을 볼 때 있는 그대로를 본다고 생각하지만 실은 영향받고 조절된 자신의 주관적인 입장에서 보고 있는 것이다.

문제는 우리가 가지고 있는 이 패러다임이 우리 행동과 태도의 원천이 되고 궁극적으로 대인관계나 사회생활의 근원이 된다는 것이다. 즉, 우리가 무엇을 보는가와 우리가 어떤 인격을 가진 사람인가 하는 것은 밀접한 관계가 있다.

패러다임은 우리가 세상이나 사물을 보는 렌즈를 만들 뿐 아니라, 패러다임의 전환은 우리가 획기적인 변화를 일으키는 원동력이 된다.

대부분 문제의 원인을 '내'가 아닌 '외부'에서 찾으려 하기 때문에 상황은 더욱 악화되고 문제는 더 어려워진다. 바로 이 시점에서 패러다임의 전환이 필요한 것이다.

세계적인 학술협회인 아빈저연구소는 이 패러다임을 '상자 안에 있는 사람'에 비유하여 설명하면서 우리들 대부분이 '자신만의 상자'에 갇혀 있다고 한다. 극소수의 사람만이 상자 밖에 있고, 대부분은 상자 안에 갇혀 있다는 것이다. 상자 안에서 우리는 자기기만에 빠지고 상자 밖의 다른 사람들을 비난하면서 내 생각만을 정당화하려고 애쓴다는 것이다.

《상자 안에 있는 사람, 상자 밖에 있는 사람》에 소개된 이야기

오스트리아의 한 산부인과 병원에 저명한 의사가 있었습니다.

그는 수많은 실험과 해부 경험을 통해 많은 지식을 가지고 있었습니다.

그러나 이상하게도 그 병원의 사산율이 다른 병원에 비해 훨씬 높았습니다.

그 원인을 밝히고자 의사는 사산된 시체와 함께 밤을 세워가며 연구했습니다.

그러나 원인은 좀처럼 밝혀지지 않고, 사산율은 더 높아만 갔습니다.

그러던 어느 날, 그 의사는 학회 참석을 위해 오랜 기간 병원을 비우게 되었습니다.

이상하게도 그가 병원을 비우는 동안 사산율이 뚝 떨어졌습니다.

이 사건을 통해 그 의사는 사태 전반을 다른 시각에서 점검하기 시작했습니다.

그리고 그가 하고 있던 다른 추측이 사실로 드러났습니다.

결국 그 원인은 의사 자신에게 있었던 것입니다.

의사는 자신의 전문성을 높이기 위해 사산된 시체를 해부하고 연구하였는데, 그 과정에서 의사의 몸에 붙은 세균이 산모에게 영향을 준 것이었습니다.

원인은 의사 자신에게 있었는데 그것을 외부에서 찾으려 한 노력이 오히려 상황을 악화시켰던 것입니다.

이처럼 문제의 원인은 다름 아닌 '나'에게 있는 경우가 많다. 그 원인을 외부에서 찾으려 하면 할수록 상황은 더욱 악화될 뿐이다.

정체된 조직, 실적이 부진한 직원, 품질의 문제 등 이제 상대에 대한 비난과 원망을 중단하고 그 문제의 원인이 '내 안에' 있지는 않은가에 대한 자기 성찰이 필요하다.

혹시 이미 '나를 바꾸어야 하는데?'의 생각은 간절했으나 어떠한 행동도 취하지 않았다면 지금 당장 나 자신을 위해 과감한 시도를 해보는 것은 어떨지…….

나의 운명을 달리할 수 있는 유일한 방법은 나 자신의 패러다임을 바꾸는 것이다.

여러분들도 기억하다시피 몇 년 전 천주교인들이 차량에 '내탓이오.'라는 스티커를 붙이고 다니면서 긍정적인 마음을 가지기 위해 노력하는 모습을 본 적이 있을 것이다. 앞서 말한 자신의 패러다임을 바꾸는 노력의 일환이라고 볼 수 있겠다.

여기에 자신의 패러다임을 바꾸는, 긍정적인 마음을 잘 표현한 시를 한 편 감상해보자.

긍정적인 밥

함민복

시 한 편에 삼만 원이면
너무 박하다 싶다가도
쌀이 두 말인데 생각하면
금방 마음이 따뜻한 밥이 되네

시집 한 권에 삼천 원이면
든 공에 비해 헐하다 싶다가도
국밥이 한 그릇인데
내 시집이 국밥 한 그릇만큼
사람들 가슴을 따뜻하게 덥혀줄 수 있을까
생각하면 아직 멀기만 하네

시집이 한 권 팔리면
내게 삼백 원이 돌아온다
박리다 싶다가도
굵은 소금이 한 됫박인데 생각하면
푸른 바다처럼 상할 마음이 하나 없네.

나를 신뢰하라

현재 자신이 있는 위치를 살펴보면 자신이 원하고자 하는 위치에 있는 사람은 많지 않다.

그러나 현재의 위치는 자신이 노력해서 만든 것이다. 그런 만큼 자기 자신을 믿는 것이 바로 성공으로 가는 지름길이 아닌가 싶다.

따라서 매사 활기 있고 긍정적인 생각으로 사는 사람은 자신의 인생에서 최선을 다하게 되며, 결국은 자신이 원했던 위치로 그만큼 다가서게 되는 것이다.

진정한 희망이란 바로 나를 신뢰하는 것이다. 자신을 존중할 줄 아는 사람만이 또한 다른 사람을 존중할 수 있다.

이런 점에 있어서 오프라 윈프리야말로 자신을 믿고, 자신을 존중하며 항상 긍정적인 생각으로 남까지 바꿔놓은 인생역전 드라마의 주인공이 아닌가 싶다.

오프라 윈프리는 까만 피부의 흑인이며 100킬로그램이나 되는 뚱뚱한 몸매이지만 '오프라 윈프리 쇼'로 존경받는 방송인이며 출판업계의 미다스(Midas)로 불린다.

그녀는 빈민가에서 태어난 가난한 흑인 사생아로 9세 때 사촌오빠에게 성폭행을 당해 14세에 미혼모가 되었고 마약복용으로 수감된 적이 있는 전과자이다. 그럼에도 불구하고 〈타임지〉는 그녀를 2005년도 미국을 움직이는 가장 영향력 있는 100명 중 1위로 선정하였다.

과거의 핸디캡에도 불구하고 그녀는 골든글로브 여우조연상(1985), 미국 아카데미인권자유상(2005)을 수상했다.

'비만과의 전쟁'에 관한 여러 비법들을 소개하는 출판저서의 계약금은 1천200만 달러를 돌파한 것으로 알려져 있다.

그녀가 가난한 보육원을 방문해 그곳에 도움이 필요하다고 10초만 이야기하면 다음날 수십억 원의 기부금이 들어온다고 한다.

그녀가 어느 책을 읽었다고 말 한마디만 하면 다음날 그 책은 미국의 베스트셀러가 된다.

그녀의 영향력을 실감할 수 있는 대목이다.

그녀를 오늘에 이르게 한 것은 아무래도 '오프라 윈프리 쇼'이다.

그녀 특유의 솔직하고 친근한 입담으로 열정과 꿈 그리고 고귀한 것들과 옳은 것, 그리고 '삶의 진실을 추구한다면 다른 모든 것들은 저절로 따라온다.'는 인생관과 함께 그녀의 경험과 독서로 터득한 지식으로 수많은 사람들에게 감동으로 다가간다.

그녀의 자서전 《이것이 사명이다》는 그녀의 인생철학을 네 가지로 요약하고 있다.

첫째, 남보다 더 가졌다는 것은 축복이 아니라 사명이다.

둘째, 남보다 아파하는 것이 있다면 그것은 고통이 아니라 사명이다.

셋째, 남보다 설레는 꿈이 있다면 그것은 망상이 아니라 사명이다.

넷째, 남보다 부담되는 어떤 것이 있다면 그것은 사명이다.

그녀는 혼혈아로 가난과 아픔 속에서 자랐지만 성경을 통해 그녀의 삶이 달라졌다.

그녀는 자신의 모델은 모세라 말했다.

그녀는 과거가 미래를 결정짓는 결정적인 요소가 될 수 없다면서 가난함도, 부유함도, 꿈도, 근심도 자신에게 닥치는 모든 것을 사명으로 받아들였고, 이 사명감이 오늘의 자신을 만들었다고 말했다.

오프라 윈프리의 십계명을 살펴보자.

오프라 윈프리 십계명

1. 남들의 호감을 얻으려 애쓰지 마라.
2. 앞으로 나아가기 위해 외적인 것에 의존하지 마라.
3. 일과 삶이 최대한 조화를 이루도록 노력하라.
4. 주변에 험담하는 사람들을 멀리하라.
5. 다른 사람들에게 친절해라.
6. 중독된 것을 끊어라.
7. 당신에게 버금가는, 혹은 보다 나은 사람들로 주위를 채워라.
8. 돈 때문에 하는 일이 아니라면 돈 생각은 잊어라.

9. 당신의 권한을 다른 사람에게 넘겨주지 마라.

10. 절대 포기하지 마라.

인생을 살아감에 있어 우리가 항상 가슴에 새기고 실천하면 좋은 말들이 있다.

먼저 가장 현명한 사람은 늘 배우려고 노력하는 사람이고, 가장 겸손한 사람은, 개구리가 되어서도 올챙잇적 시절을 잊지 않는 사람이다.

가장 넉넉한 사람은, 자기한테 주어진 몫에 대하여 불평불만이 없는 사람이다.

가장 강한 사람은 타오르는 욕망을 스스로 자제할 수 있는 사람이며, 가장 겸손한 사람은 자신이 처한 현실에 대하여 감사하는 사람이고, 가장 존경받는 부자는 적시적소에 돈을 쓸 줄 아는 사람이다.

가장 건강한 사람은 늘 웃는 사람이며, 가장 인간성이 좋은 사람은 남에게 피해를 주지 않고 살아가는 사람이다.

가장 좋은 스승은 제자에게 자신이 가진 지식을 아낌없이 주는 사람이고, 가장 훌륭한 자식은 부모님의 마음을 상하지 않게 하는 사람이다.

가장 현명한 사람은 놀 때는 세상 모든 것을 잊고 놀며, 일할 때는 오로지 일에만 전념하는 사람이다.

가장 좋은 인격은 자기 자신을 알고 겸손하게 처신하는 사람이고, 가장 부지런한 사람은 늘 일하는 사람이며, 가장 훌륭한 삶을 산 사람은 살아있을 때보다 죽었을 때 이름이 빛나는 사람이다.

항상 바쁘게 생활하는 일상이지만 때로는 여유를 가지고 자신을 돌아볼 필요도 있다.

'바쁜 머리에서는 좋은 아이디어가 나오지 않는다.'라는 말이 있다.

이 가을 마음을 열고 파란 하늘을 가슴 가득 품어보자.

내가 만드는
행복한 나의 인생

흔히들 말한다. "인생은 연극이다."라고. 또는 "인생은 각본 없는 드라마"라고도 한다.

인생은 내가 각본을 쓰고 내가 연출하고 내가 연기하는 한 편의 모노드라마이기도 하다.

관중이 많이 들어 성공한 것처럼 보이는 연극도 그 뒤에는 숱한 아픔과 땀과 눈물이 있고 군중 속의 고독이 있다.

1막이 끝나고 무대 뒤에서 객석을 바라볼 때 많은 관중을 보면서 보람을 느끼기도 하고 실패한 연극의 주인공이 되어 텅 빈 객석을 바라보며 회한에 젖기도 한다.

성공에 자만해서도 안 되지만 1막의 썰렁한 반응에 좌절해서도 안된다.

내 인생이라는 제목의 연극은 쓰인 각본에 의해서 그대로 끝날 때까지 연기하는 일반적인 연극과는 달리 그때그때 각본을 수정하고 새로운 연극으로 거듭날 수 있는, 그야말로 정해진 각본이 없는 가장 창의적이고 자유로운 연극인 것이다.

우리는 항상 행복을 추구한다. 가장 성공한 삶은 행복한 삶이다. 그렇다고 돈이 많다거나 높은 지위에 올랐다거나 해서 행복한 것은 아니다. 가장 못사는 나라의 행복지수가 오히려 잘사는 나라의 행복지수보다 훨씬 높다는 것이 이를 증명해주고 있다.

행복이란 물질적인 것도 아니고 명예도 아니다. 자기 자신의 마음속에 있는 것이다.

행복해지고 싶다면 노력을 해야 한다.

'사람은 행복하기로 마음먹은 만큼 행복하다.'라는 말이 있다.

따라서 집을 깔끔하게 정리하듯 내 마음에서 버릴 것은 버리고 보관할 것은 보관해야 한다. 내게 소중하고 아름다운 기억과 칭찬의 말 등은 보관해도 좋지만 쓸데없는 비난이나 안 좋은 기억은 쓰레기나 잡동사니 치우듯이 과감히 버리고 행복할 수 있는 만큼의 저장 공간을 확보해야 한다.

우리는 한 가지 행복을 얻게 되면 거기에 만족하지 못하고 그보다 더 큰 기쁨을 갈망하게 된다.

새뮤얼슨은 말했다.

"행복은 욕망 분의 소유이다."

즉, 행복을 결정하는 것은 소유와 욕구이며, 욕망이 정해져 있을 경우 소유가 커질수록 행복하고, 반대로 소유가 정해져 있다면 욕망이 적을수록 행복해진다고 했다.

벤저민 프랭클린은 이렇게 말했다.

"인생을 사랑하는가. 그렇다면 시간을 낭비하지 말라. 시간은 인생을 이루는 요소이다."

어려서부터 많이 들어온 말이다. 들을 때마다 마음이 켕기는 말이기도 하다.

나름 시간을 아껴 쓴다고 하면서도 무심코 버려지는 시간이 있다. 무엇에 쫓기듯 살 필요는 없지만 쓸데없이 버려지는 시간도 아껴야 한다.

우리는 이러한 시간을 귀중하게 여기고 이를 잘 사용해야 한다.

먼저 성공과 행복을 위해서는 현재 속에 살아야 한다.

가장 소중한 금은 '지금'이라고 한다. 그 소중한 바로 지금 일어나는 일에 집중하고 소명을 갖고 살면서 지금 중요한 것에 관심을 쏟아야 한다.

과거보다 더 나은 현재를 원한다면 과거에 일어났던 일을 돌아보고 그것에서 소중한 교훈을 배워야 할 것이다. 현재보다 더 나은 미래를 원한다면 멋진 미래의 모습을 마음속으로 그리고, 그것이 실현되도록 계획을 세우고, 그 계획을 행동으로 옮겨야 한다.

이렇듯 인생이라는 연극을 성공적이고 후회 없이 공연하기 위해서는 얼마나 계획성 있게, 알뜰하게 시간을 쪼개 쓰고 소중하게 여기느냐가 중요한 것이다.

또 긍정적인 마인드로 생각을 전환해야 한다.

발상의 전환, 생각의 전환, 습관의 탈피 등은 사람만이 가지고 있는 특권일 수 있다. 생각을 약간만 고쳐먹어도 지옥 같은 세상이 살맛나는 세상으로 보이고, 나는 정말 운이 없다고 생각했던 마음이 나는 행복하다는 마음으로 바뀌게 된다.

늦었다고 생각할 때가 실천할 수 있는 가장 빠른 시점이며 지름길이다.

서옹 스님의 일화이다.

젊은 시절 걸망을 걸치고 탁발을 나선 스님이 다리 밑에 있는 거지에게 탁발을 요청했다. 잠을 깬 거지무리의 대장이 부스스한 모습으로 스님에게 말했다.

"스님, 저희들은 거지 아닙니까? 평생 얻어먹고 다니는 거지에게 동냥이라뇨. 우리를 놀리시는 겁니까?"

그러자 스님이 말했다.

"사람으로 태어나 한 번이라도 좋은 일을 해야 다음 생에는 거지 신세를 면할 것 아닙니까? 그러니 아무 말씀 마시고 아무것이나 소승의 걸망에 넣어 주십시오."

거지 대장이 말했다.

"드릴 것이 아무것도 없습니다. 어제 저녁에 먹다 남은 찬밥과 신 김치 조금밖에는……."

그러자 스님이 말했다.

"네에, 찬밥이면 어떻습니까?"

그러면서 걸망을 벌리자 거지는 미안한 듯 머리를 긁적이면서 스님 걸망에 찬밥을 털어 넣었다.

스님은 공손하게 거지에게 합장하면서 고맙다고 인사하고 길을 떠났다.

나중에 스님은 그때를 이렇게 회고했다.

"내가 중노릇 하면서 그때 행복해 하는 그 거지보다 더 행복한 사람 모습은 본 적이 없다."

그야말로 생각의 전환이요, 습관의 전환이 준 큰 선물이 아닐 수 없다.

"감사하는 마음을 가지면 부가 생기고, 불평하는 마음을 가지면 가난이 온다. 감사하는 마음은 행복으로 가는 문을 열어준다. 감사하는 마음은 우리를 신과 함께 있도록 해준다. 늘 모든 일에 감사하게 되면 우리의 근심도 풀린다."

존 템플턴의 말이다.

감사하는 마음을 가지면 세상은 천국이 되고 불평하는 마음을 가지면 세상은 지옥이 된다.

생각을 바꿔 세상을 보면 모든 고난 속에는 반드시 축복이 숨어 있음을 발견할 수 있다.

누구도 나에게 행복한 삶, 행복한 인생을 만들어 주지 않는다. 앞서 말했듯이 내가 쓰고 내가 연출하고 내가 주인공이 되어 공연해야 하는 연극이 바로 나의 인생이다.

나를 믿으며, 나를 사랑하며, 행복한 삶을 살 수 있다는 확신을 가지고 계획과 실천을 통해 나날이 좋아지는 삶을 산다면 반드시 내가 바라는 행복한 삶이 이루어질 것이다.

행복한 인생은 그 누구도 아닌 바로 내가 만들어가는 것이다. 그것이 바로 내가 만드는 행복한 나의 인생이다.

세월 속에서

해가 진다고, 어둠이 온다고 서운해 하지 않는 것은 내일이 있어 내일 태양은 또 다시 떠오르리라는 걸 알기 때문이고, 한 해가 저문다고 실망하지 않는 것은 희망의 새해가 오리라는 것을 믿기 때문이다.

꽃이 지면 지는 꽃을 아쉬워하기보다는 꽃이 지면서 퍼트리는 씨앗을 보면서 우리는 더욱더 풍성하고 아름다운 내년을 기약한다.

태풍이 불어도 두려워하지 않는 것은 곧 비바람이 잦아들고 다시 평온해질 것을 느끼기 때문이고, 가뭄이 심하게 들어도 꿋꿋하게 버티는 것은 내년에는 풍요의 결실을 기대하기 때문이다.

우리가 불안해하거나 아쉬워하는 것은 보이는 것만 보기 때문이다. 잠시 그 고난을 참고 견디면 새로운 기회가 오고 모든 문제는 해결되는데 오로지 눈앞의 고통만을 보기 때문에 이러한 상황이 계속되리라 착각하고 절망하는 것이다.

살아가면서 뒤를 돌아보면 만족했던 것보다는 아쉬움이 많이 남는다. 그런데 그 아쉬움이라는 것도 당시에는 커다란 고난과 고통으로 여겼던 것들이다. 그 엄청난 고난과 고통이라고 느꼈던 것을 이제 와서 생각하면 오히려 자신을 더욱 단단하게 만드는 하나의 단련과정이었다고 생각하게 된다.

세월은 서두르지 않는다.

새해의 첫 달은 여유로웠지만, 세월은 가고 어느새 한 장 남은 달력을 바라보게 된다.

세월은 흐르는 물처럼 앞서 가는 세월을 추월하지 않는다. 앞선 물은 앞서 보내고 또 앞에 고여 있으면 기다릴 줄 아는 미덕이 있다.

세월은 돌아볼 줄 안다. 한 해 동안의 굴곡진 시간을 돌아보며 남은 시간을 이겨낼 수 있도록 자신을 다 잡는다. 허위허위 여기까지 왔지만 또 다른 시작을 할 수 있게 된 데 대해 감사한다.

세월은 새로운 목표를 가지고 성공의 기쁨을 알 수 있도록 우리에게 시간과 기대를 준다.

어제의 화려한 단풍이 이제는 길 위에 떨어져 말없이 구른다.

나무들은 시계가 없이도 자신의 시간을 맞춰 옷을 벗고 깊은 잠을 자기 위한 준비를 한다. 춥고 긴 겨울을 이겨내고 다음해 화려한 봄의 향연을 만들기 위해 아름다운 꽃을 꿈꾸며 깊은 잠에 빠진다.

좋은 소리를 내기 위해 아파야 하고, 배는 안락한 항구를 떠나야 만이 자신을 찾는다. 정지된 상태에서는 아무것도 할 수도 없고 일어나지도 않는다. 끊임없이 나를 단련하고 앞을 보면서 현재의 고통을 극복해야만 비로소 나를 찾을 수 있다.

현실은 언제나 힘들고 어렵게만 느껴지지만 우리는 매일매일 오늘이라는 하루를 선물 받는다. 누구에게나 공평하게 주어지는 시간이어서 우리는 시간에 대해서 그 가치를 모르고 살아가기 쉽다. 하지만 절대 잊어버려서는 안 되는 것은 우리의 삶은 유한하다는 것이다. 하루하루를 어떻게 살아가든 우리의 삶은 시간을 재료로 만들어진다. 주어진 시간을 어떻게 사용하는가에 따라서 삶은 풍요로워질 수도 있고, 피폐한 삶이 될 수도 있다.

유한한 삶을 사는 우리가 헛되이 시간을 보내지 말아야 하는 것은 시간은 결코 기다려 주지 않기 때문이다. 시간을 아껴 써야만 우리가 바라는 행복하고 풍요로운 삶을 살 수가 있는 것이다.

벤저민 프랭클린은 이렇게 말했다.

"삶을 구성하는 요소는 시간이므로 시간을 낭비하는 것은 삶을 낭비하는 것과 같다."

그래서 때로는 내 생애에 정말 가치 있는 무엇인가를 이루기 위해서 모험도 해 볼 필요가 있다.

모험이란 실패와 함께 고통과 슬픔이라는 위험이 동반되는 도전이기도 하다.

그러나 어떤 사람은 모든 일이 자기 생각대로 될 것이라고 스스로 낙관하고 믿어버리고 생각과 고민하기를 멈추고 자기 생각에만 몰입한다. '자기 확신이 드는 바로 그 순간이 자기 생각의 한계이기도 하다.'라는 생각을 해야 하는데, 그 순간을 자각하지 못하고 어리석은 선택을 할 수도 있다.

모험을 시작하는 순간부터 생각을 집중하고, 그 시작하는 순간부터 용기를 배우고, 또 생각과 고민을 배우고, 느끼고 발전하는 참다운 인생을 배워야 한다. 그것은 모험하는 인생 속에 참 인생이 들어있기 때문이다.

지나온 시간을 뒤돌아보면 가치 있는 무언가에 몰입할 때가 내 인생에서 가장 행복한 시간이었다고 느낄 것이다. 실패가 두려워 모험을 하지 않는 것은 가장 잘못된 선택이다. 그러나 모든 사람이 성공을 원한다고 모두가 성공하지는 못한다.

우리가 꾸었던 꿈을 생각해 보면 이루지 못했던 꿈이 더 많았던 것을 알 수 있다.

따라서 의미 있는 삶이란 나아가는 것이고, 나아간다는 것은 어제보다 나은 삶을 산다는 것이다. 오늘보다 나은 내일을 꿈꾸며 또 그것을 기대하면서 나아간다면 보다 풍요로운 삶이 될 것이다.

세월은 기다려 주지 않는다. 오로지 쉼 없이 흘러갈 뿐이다. 매일매일이 그저 소중하다. 매일매일이 아주 특별한 날이다.

그런데 쉼 없이 흘러가는 시간 속에서 우리는 우리의 마음을 아끼고만 살아간다. 사랑하는 사람과도 표현을 아끼고, 서로의 주도권 쟁탈을 위해 '밀당'을 한다. 그러다 한 쪽이 먼 곳으로 떠나면 그때서야 주지 못했던 마음을, 주지 못했던 사랑을 생각하면서 아쉬워한다. 망설이지 마라. 시간은 멈춰있지 않다. 마음껏 표현하라. 세월은 당신을 기다리지 않는다.

소크라테스도 이렇게 말했다.

"그저 사는 것이 중요한 것이 아니라 잘 사는 것이 중요하다."

그래서 지금 나 자신에게 무엇이 가장 중요한 것인가를 아는 것이 중요하다.

그것을 알게 되면 지금의 내 인생이 바뀌고 하루하루를 새롭게 느끼며 의미 있게 살게 될 것이다.

무슨 일이든지 끈기 있게 해서 일이 쉬워지는 것은 일이 쉬워지기 때문이 아니라 일을 할 수 있는 능력이 향상되기 때문이라고 한다.

오로지 땀범벅이 되어 앞만 쳐다보고 정상만을 향해 오르는 등산도 있지만, 나무와 새를 보고, 그리고 올려다보면 보이는 파란 하늘, 시원한 바람과 함께 하는 자연과 동화되는 여유를 느끼는 등산도 있다.

세상을 모르고, 인생을 즐기지 못하고, 묵묵히 열심히만 살아왔다면, 이제는 마음의 여유를 가지고 행복이 준비된 삶을 사는 자세가 필요하다.

더위와 비바람을 견디며 푸른 잎과 아름다운 꽃을 자랑하던 나무들이 꽃을 떨어뜨리고, 꽃이 떨어진 아픈 자리에 단물 가득한 열매를 맺고, 그러나 그마저도 모두 내놓고 모든 것을 훌훌 털어버리고, 벌거벗은 몸으로 겨울을 준비하듯 우리도 살아오면서 공들인 열정과 노력한 만큼의 충분한 보상이 주어지지 않더라도 아낌없이 바친 열정의 세월은 인생의 가장 빛나는 시간으로 남을 것이다.

그러니 누가 알아주기를 바라지 말라.

"아낌없이 바쳐라. 그러면 그게 그대에게 되돌아오리라."

D. H. 로렌스의 이 말을 되새기면서 지금 이 시간 아낌없는 열정으로 당신의 겨울을 준비하라.

제2부

멈춤 그리고 산, 숲, 나무를 봄

멈춤 그리고
산, 숲, 나무를 봄

외국 사람들이 서울에 오면 놀라는 것이 있다고 한다.

사람들이 너무 바쁘게 움직이고 얼굴 표정이 아주 심각해서 무슨 중요한 일이 벌어졌는가 보다 하다가 서울의 일상인 것을 알고 놀란다고 한다.

우리나라가 세계 10대 경제대국이 되기까지 우리는 목표지향적인 삶을 살아오면서 항상 빨리빨리, 그리고 목표를 위해서 작은 것은 서슴없이 내버리고, 지나치는 것이 일상화 되면서 우리가 소중히 간직해야 할 좋은 습관과 전통들을 소홀히 해왔다.

그러나 요즘 들어서는 서구화된 패스트푸드 문화에서 슬로우 푸드로, 여행도 바쁜 패키지 위주의 여행에서 나를 찾는 힐링 여행으로 그리고 도시를 떠나 나만의 생활을 영위하는 귀촌까지, 물질 위주의 삶에서 삶의 가치를 찾아 정신을 정화하는 삶을 찾는 사람들이 점차 늘고 있다.

그렇다. 이제는 앞만 보고 달려가던 나를 잠시 멈추고 산도 보고 그 안에 숲도 보고, 그리고 나무도 보자. 가던 길을 멈추면 더 많은 것을 볼 수 있다. 앞만 보고 달려가다 보면 보지 못하는 게 많다.

겨울을 지나 봄으로 가는 길목에 서보자.

언 땅을 비집고 파란 생명이 움트고 메마른 나뭇가지에 물이 오르고, 잎이 피고, 내가 밟고 있는 땅에서는 생명의 용틀임이 느껴진다. 앞만 보고 달려가다 보면 이런 잔잔한 감동을 느낄 수 있는가?

또 한 곳만 습관대로 응시하면서 가다보면 주변의 아름다운 경치를 볼 수가 있는가?

아마 매일매일 똑 같은 풍경을 느끼면서 삶이 지루함을 느낄 것이다. 그러다 보면 매너리즘에 빠지게 되고 삶은 점점 재미가 없어질 것이다.

연암 박지원의 산문 중에 이런 이야기가 있다.

서화담(서경덕)이 길을 가는데 어떤 사람이 울고 있어 그 연유를 물었다.

"저는 다섯 살 때 눈이 멀어 지금 20년이 넘었습니다. 오늘 아침에 길을 나섰다가 눈을 뜨니 홀연히 세상만물이 환하게 보이기에 너무 기쁜 나머지 부모님께 이 소식을 알리고자 집을 찾았으나 길은 여러 갈래이고 집이 어떻게 생겼는지 모르기에 당황스러운 마음에 울고 있습니다."

그러자 화담이 말했다.

"그렇다면 네게 집으로 가는 길을 알려주겠다. 다시 눈을 감도록 해라. 그러면 곧 너의 집으로 갈 수 있을 것이다."

그러자 그 사람은 다시 눈을 감고 지팡이를 두드리며 익숙한 걸음걸이로 집을 찾아갔다.

광명을 그리 갈구하던 사람인데도 막상 눈을 뜨게 되자 집을 찾지 못하고 다시 눈을 감았다. 어둠에 익숙해져서 오히려 빛이 방해로 느껴진 것이다.

내가 진정 바라던 것을 얻게 되었으면 새로운 세상에 도전하고 적응해야 하는데 용기가 없어서 도로 눈을 감은 적이 없는지 이 이야기를 통해 한 번 되돌아 봐야 할 것이다.

《빙점》을 쓴 일본 작가 미우라 아야코도 이렇게 말했다.

"세상에서 가장 무서운 것은 익숙해지는 것이다."

사람이 타성에 젖거나 고정관념에 매몰되는 것을 경계한 말이다.

그동안 우리는 바쁘다는 핑계로 정작 봐야 될 것, 해야 될 것을 안 하고, 못 하고 익숙한 일상을 습관적으로 반복해 왔다.

사람들은 누구나 잘 살기를 바란다.

잘 산다는 것을 살펴보면 건강, 행복, 돈, 명예 등이 있다. 사람들이 이런 조건을 충족시켜 잘 사는 것은 외적인 것이다. 겉으로는 잘사는 것 같지만 인간은 이런 것만으로는 만족할 수 없도록 만들어졌다.

이 외적인 것 외에도 정신적인 평화와 기쁨, 정서적인 안정, 그리고 마음의 자유로움이 있어야 비로소 잘 사는 나를 만날 수 있다.

그러나 역설적으로 잘 살기 위해서는 험난한 역경을 만나야 한다. 그 역경을 딛고 이겨 내야 만이 그 길에 다다를 수 있다. 살다보면 누구나 다 역경을 만나게 된다. 그러나 그것을 넘어서면 기쁨이 오게 된다. 따라서 삶에 역경이 없기를 바라지 말아야 한다.

보통 사람들은 갈래 길에서 고민하지 않고 쉬운 길을 택한다. 그 길은 평탄할지언정 발전이 없는 길이다.

길을 가다 넘어지는 것은 결코 부끄러운 일이 아니다. 다시 일어나지 못하는 것이 부끄러운 것이다. 누구나 넘어지기 마련이지만 넘어져도 바로 일어나서 뛰어가는 사람이 있고 계속 주저앉아서 남의 도움만 기다리는 사람이 있다. 스스로 일어나지 않으면 다음에 넘어졌을 때 또 누가 일으켜 줄 것이라는 요행을 바라고 일어날 노력을 하지 않는다. 요행은 언제 또 찾아올지 모른다.

흐르는 물은 바위를 만나면 그 바위를 돌아 때로는 험준한 계곡을 지나 큰 강을 거쳐 힘든 여정 끝에 바다로, 바다로 흘러 들어간다.

이렇듯이 삶이란 고통을 통해 기쁨이 오고, 불안을 통해 평화를 얻고, 구속을 통해 자유를 느끼게 되는 것이다.

흔히들 《삼국지》를 세 번 읽은 사람하고는 논쟁을 하지 말라는 말을 한다. 《삼국지》 안에는 세상의 모든 희로애락과 돌아가는 이치가 담겨 있기 때문이리라.

완벽한 인물이 되려면 남의 말을 경청하는 유비의 귀를 닮고, 지적이며 철저하게 자신을 절제하는 관우를 닮고, 호탕하고 의리 있는 장비를 닮고, 제갈량의 비상한 두뇌를 닮고, 임기응변과 처세에 능한 조조를 닮으면 된다고 한다.

그러나 이 모든 장점을 갖춘 사람이 얼마나 있겠는가.

너그럽지만 우유부단한 유비 같은 성격도 있고, 너무 결벽해서 사람이 잘 따르지 않는 관우 같은 사람도 있고, 불같은 성격으로 자신을 통제하지 못하는 장비 같은 성격도 있고, 너무 똑똑해서 평범한 사람을 이해하지 못하는 제갈량 같은 사람도 있고, 약삭빠르게 자신의 안

위만 챙기는 조조 같은 사람도 있다.

그래서 사람들은 사회를 이루고 서로 약점을 보완하면서 살아가는 것이다.

이제는 나 자신의 눈으로 타인을 보지 말고 타인의 시선에서 나를 보자.

처음에는 가장 가까운 거리에 있는 부모님의 시선으로 그리고 나중에는 친구 또 사회에서 만나는 다양한 사람들의 시선으로 그 범위를 넓혀보자.

타인의 시선은 남을 통하여 나를 비추어보고 나를 알게 하는 바로 나의 거울인 것이다. 그 시선을 좇아 나를 바라보면 나는 내가 알고 있는 나를 떠나 정말 다양한 사람으로 변신하게 된다. 그 다양한 사람을 이해해 줄 사람, 바로 그 사람이 나의 진정한 사랑, 혹은 평생을 같이 할 친구가 된다. 진정한 사랑, 진정한 우정은 나를 맑게 닦아 상대방이 잘 보도록 해야 비로소 얻을 수 있다.

"인생에서 가장 중요한 것은 남을 미워하지 않는 것이다."

펄벅의 이 말처럼 나를 만드는 것은 나이지만, 너는 나의 거울이기에 남을 욕할 일이 없고 탓할 일이 없다.

따라서 누군가를 미워하는 마음을 비워내고 그 빈자리에 사랑을 채운다면 채워진 사랑만큼 세상은 더 아름다워질 것이다.

꽃잎을 벗어난 열매가 달디 단 과일로 익어가기까지 자연은 뜨거운 햇빛과 더위를 주고 때론 비와 바람으로 그 열매를 성숙시킨다.

자연의 모진 비바람을 딛고 세월을 먹으며 단맛을 들이고 있는 과일처럼 세상사 모든 일이 하루아침에 되는 것이 없고, 하나의 재료만으로 만들어지는 음식이 없다. 우리네 인생도 앞에 보이는 것만이 인생의 다가 아니다.

목표를 향해 앞만 보고 달려온 인생이었다면 이제는 잠시 멈추어 서서 앞에 우뚝 서있는, 넘어야 하는 높은 산만 볼 것이 아니라 그 산을 덮고 있는 숲도 보고, 그 숲을 이루고 있는 나무도 보면서 그동안 잊고 있던, 보지 못하고 생각하지도 않던 그 소중한 것들을 이제는 하나하나 마음으로 어루만져 보자.

그러면 세상은 더욱더 풍요롭고 아름다워질 것이다.

조금 더 행복한 삶

우리는 늘 무언가를 찾는다. 더 좋은 것, 더 새로운 것, 더 아름다운 것……

우리는 이 '더' 때문에 늘 바쁘고 외롭고 불안하다.

만약 우리가 '더'가 아니라 '최고'를 찾고, 그것을 갖는다면 우리는 더는 불안하지도 초라하지도 않을 것이다.

우리는 누구나 끊임없이 '더' 좋은 것을 찾고 바란다.

하지만 우리는 간혹이라도 '가장 좋은 것'을 생각하고, 그것을 향해 나아가야 한다. 그러면 언젠가는 참 행복과 기쁨을 만날 수 있을 것이다.

더 좋은 것은 눈에 보이고 돈으로 살 수 있지만 가장 좋은 것은 눈에 보이지도 않고 돈으로 살 수도 없다. 그것은 내 마음 안에 있다. 사랑, 정직, 진실, 성실, 친절, 순수, 소박, 겸손, 희망, 배려, 용서, 이해, 감사, 긍정적인 생각……. 바로 이런 것들이다. 지금이라도 만날 수 있고, 할 수 있는 작고 평범한 생각이며 일들이다.

이것들을 통해 우리는 '더 좋은 삶'이 아니라 '최고의 삶'을 살 수 있다.

어떤 사람이 당신을 비판하려 하지 않고, 당신에 대해 책임감을 느끼지 않고, 당신에게 영향을 미치려 하지 않으면서 당신의 말을 진지하게 귀 기울여 들어줄 때는 정말 기분이 좋다.

누군가 내 이야기에 귀를 기울이고 나를 이해해주면, 나는 새로운 눈으로 세상을 다시 보게 되어 앞으로 나아갈 수 있다.

누군가가 진정으로 들어주면 암담해 보이던 일도 해결 방법을 찾을 수 있다는 것은 정말 놀라운 일이다.

돌이킬 수 없어 보이던 혼돈도 누군가가 잘 들어주면 마치 맑은 시냇물 흐르듯 풀리곤 한다.

우리도 남을 대할 때 나를 버리고, 친구의 입장에서, 가족의 입장에서 상대방의 말을 한 번 들어보는 것도 그 사람을 이해하는 데 있어 큰 도움이 될 것이다. 이렇듯이 행복한 삶이란 나 이외의 것들에게 따스한 눈길을 보내는 것이다.

사소한 행복이 우리의 삶을 아름답게 만든다. 몇 푼의 돈 때문에 우리가 누릴 수 있는 작은 행복들을 버리는 것은 불행을 향해 날려가는 것과 같다.

우리는 약간의 이익 때문에 너무 많은 것을 잃어버린다.

작은 것에 감사하고 행복해 보자.
하루 중 한순간의 행복과 바꿀 수 있는 것은 아무것도 없다.

그래,
'그래도'로 가자

 현실을 살아가면서 우리는 종종 시련에 맞닥뜨리게 된다. 그럴 때 좌절에 빠지고 실망감에 자신을 포기하거나 자학에 빠질 수도 있다. 이럴 때 우리 '그래도'에 한 번 가보자.

 '그래도'란 섬이 있다. '그래도'란 섬은 우리 마음속에 누구나 가지고 있는 아름다운 섬이다.

 우리가 어려운 일이 닥쳤을 때, 그래서 미칠 듯 괴로울 때, 또 한없이 슬플 때, 증오와 좌절이 온몸을 휘감을 때, 그래 우리 '그래도'로 가보자.

 섬 안에는 그래도 너는 건강하잖니, 그래도 너에겐 가족이 있잖니, 그래도 너에겐 친구가 있잖니, 그래도 세상은 아직은 살만 하단다 같은 글들이 곳곳에 붙어 있어 우리를 격려하고 위로해 준다.

 우리가 부딪히는 세상은 문제, 좌절, 고통, 불평 등 여러 가지 어려운 일들이 닥쳤을 때 흔히 쓰는 말들이 있다. 이럴 때 '문제' 대신 '기회'로, '해야 한다' 대신 '하게 된다'로, '좌절' 대신 '도전'으로, '적' 대신 '친구'로, '괴롭히는 사람'은 '가르쳐주는 사람'으로, 몸이 아파 통증이 밀려올 때 '고통'이라는 표현보다는 '신호'라고 하고, '불평' 대신 '요청'이라고 하면 같은 말이라도 나에게 그리고 남에게 주는 상처를 최소화할 수 있다.

"네가 이렇게 만들었잖아." 대신 "내가 그렇게 한 거야." 하고 말해보라. 그러면 작은 용어의 신중한 선택이 당신의 인생을 바꾸는 것을 보게 될 것이다.

마라톤을 할 때 처음에는 선두에 섰다가 나중에는 뒤로 쳐지는 선수가 있고, 처음에는 후미에 있다가도 페이스 조절을 잘 해서 선두로 나가는 선수도 있다. 인생은 그보다 훨씬 더 길고 힘든 길을 달리는 경주다.

출발이 늦었다고 조바심을 낼 필요는 없다. 누가 1등으로 들어오느냐로 성공을 따지는 경기가 아니고 얼마나 의미있고 행복한 시간을 보냈느냐가 바로 인생의 성공 열쇠인 것이다.

인생에선 열심히 노력하고 최선을 다해도 뜻대로 일이 잘 풀리지 않을 수 있다. 뜻대로 일이 잘 풀리지 않더라도 이미 가진 것에 대해 감사하고, 희망을 노래하는 것은 지혜로운 태도이다.

강을 거슬러 헤엄쳐 본 경험이 있는 사람만이 물살의 세기를 알 수 있듯이 좌절을 경험한 사람은 자기만의 역사를 갖게 되며, 인생의 지혜를 얻는 길에 들어선 사람이다.

공들여 이루지 못한 것에 아쉬움이 있다면 지금 하는 일에 조금 더 몰입하고, 열정적으로 살아야 한다.

인생을 성공으로 이끄는 가장 확실한 방법은 원하는 것을 이룰 때까지 포기하지 않고 도전하는 것이다.

세상의 바다를 헤쳐 나가는 내 인생이라는 배의 선장은 바로 나라는 것, 누구도 대신할 수 없고 대신하게 해서도 안 된다는 것, 하고 싶은 일에 조금이라도 가능성이 보이면 마지막 순간까지 결코 포기해서는 안 된다는 것이다.

부정적이거나 비관적인 생각을 버리고 긍정적이고 낙관적인 생각을 하라. 앞서 이야기한 대로 문제, 좌절, 고통, 불평 등 이런 단어들을 긍정적이고 낙관적으로 바꿔주면 인생은 그만큼 더 밝아질 것이다.

아무리 행복한 사람이라도 슬픈 일이 있기 마련이고 아무리 불행한 사람이라도 행복한 일이 하나 정도는 있기 마련이다.

어느 쪽을 보고 사느냐, 그것이 행복과 불행을 결정한다. 웃고 살면 인생이 대박이지만 징징 짜면 인생이 쪽박이 된다. 그래서 웃고 살면 이 모든 것이 해결된다.

분노와 좌절 등에 휩싸여 자신을 주체 못하고 힘들 때 중요한 것은 자기 자신과의 관계이다. 내가 나를 사랑하고 그런 내 모습을 사랑해주는 사람을 만난다면 그만큼 좋은 일은 없을 것이다.

나를 가장 잘 아는 사람은 나이다. 나를 가장 사랑하고 아껴주는 사람도 나이다. 나를 사랑하고 최선을 다하는 그런 나를 남도 사랑한다.

나를 긍정하고 인정하는 것이 우선되어야 다른 이도 긍정하고 인정할 수 있다. 결국 모든 것은 나로부터 시작되는 것이다.

조지 번햄이라는 사람이 한 말이 있다.

"'난 못해!' 이 말을 한다면 아무것도 이루지 못할 것이다. '해볼 거야!' 이 말을 한다면 기적도 만들어 낼 것이다."

지레 겁부터 먹고 잔뜩 움츠러들지 말고 나도 할 수 있다는 자신감을 가져라. 물론 자신감만 갖는다고 되는 것은 아니지만, 마음가짐 하나 바꾸는 것에 따라 행동이 달라진다. 그렇듯 적극성을 띠게 되면 결과도 달라진다. "해 볼 거야!"라고 외쳐보라.

어이 젊은 친구, 사내자식이 눈물 함부로 흘리는 거 아니여, 사내자식이라는 것은 죽을 때꺼정 딱 세 번만 우는 것이여. 그런디, 미리 울어 불먼 참말로 울어야 할 때 못 우는 것이거등. 비가 쪼께 많이 올라는가 보네. 자네도 우는 것 아니겄제? 맞네, 빗물이여. 나 얼굴에도 자네 얼굴에도 그 거이 빗물이여.

– 유금호 소설집 《뉴기니에서 온 편지》 중에서

옛날에는 어른들이 남자는 함부로 눈물을 보이지 말아야 한다고 가르친 탓에 슬퍼도 속울음을 울어야 했다. 그러면 그것이 스트레스가 되어 더 가슴이 답답하다.

이제 가까운 '그래도'로 가보자. '그래도'에 가서 "나는 그래도 울 수 있다."라고 외치고 한 번 크게 울어보자.

그리고 내일을 기약하자.

우리 모두에게 있는 가깝고도 먼 섬 '그래도.'

이제 자주 '그래도'에 가서 나를 돌아보고 '그래도'가 있다는 것에 감

사하자.

긍정적인 사고
그리고 성공하는 나

성공한 나를 상상하면서 새로운 한 달을 시작해 보자.

사람의 뇌는 긍정적인 사고, 감정, 이미지로 채우면 무엇을 하든 생각대로 되는, 스스로 컨트롤할 수 있는 그러한 뇌가 된다. 레몬을 상상하는 것만으로 저절로 침이 나오듯이 사람의 머리는 상상의 이미지와 현실의 경험을 구분하지 못한다. 이미지가 선명하면 할수록 뇌는 그 이미지를 현실로 착각한다.

이런 뇌의 착각을 이용하면 스스로 '불가능하다, 무리다.'라고 포기하고 있는 일들을 가능한 현실로 바꿀 수가 있다. 역시 이를 이용해서 기쁨과 감동까지 생생하고 아주 분명하게 이미지화해서 성공을 향해 가는 나를 만들어보자.

그렇지만 생각만으로는 그 모든 것들을 현실화할 수 없다. 자신이 원하는 대로 하기 위해서는 거기에 상응하는 노력이 뒤따라야 하는 것이다.

상상을 현실로 만들기 위한 방법으로는,

첫 번째, 아침에 일찍 일어나야 한다.

마음이 열정으로 가득 찬 사람은 아침에 일찍 일어난다. 불타는 열정을 가진 사람은 생의 마지막 순간까지도 사그라지지 않는 열정을 간직할 것이다.

어떤 어려움이 닥치든, 미래가 얼마나 암담하든 늘 열정으로 스스로를 격려할 것이며, 자신의 열정이 마음속에 간직한 꿈을 현실로 만들어줄 것이라 믿어 의심치 않는다.

아침에 일어나는 것이 힘이 든다면, 꿈을 갖고 자신에게 희망과 용기를 주어야 한다.

두 번째, 항상 긍정적인 마음을 갖고 밝게 웃어라.

잘난 사람은 가만있어도 잘 나 보인다. 그러나 평범한 사람은 가만있으면 존재감이 없고 불친절해 보이기 쉽다.

살아있는 미소로 누군가에게 기쁨을 전하는 메신저가 되어라. 표정을 잃게 되면 마음마저 어둠에 갇힌다는 말이 있듯 당신의 마음에 지옥을 드리우지 마라.

당신이 가장 먼저 미소 지어 주는 그런 사람이 되라. 우리는 만나는 사람과의 관계 속에서 행복과 성공 또는 불행과 실패를 경험하게 되지만, 내가 먼저 미소와 기쁨을 전하면 더 큰 행복이 찾아온다.

세 번째, 작은 일에도 감사한 마음을 갖고 표현해야 한다.

"감사합니다.", "진심으로 감사드립니다."라고 말할 때마다 감사한 일들이 생길 것이다.

네 번째, 문제가 있을 때 피하거나 감추려 하지 마라.

"제가 잘못했습니다.", "제 책임입니다.", "제가 해결하겠습니다."라고 당당하게 얘기해라. 그럴 때 진정으로 존경받는 사람이 되는 것이다.

매일매일 이렇게 스스로 행복을 창조하며 당당하게 살아가야 성공이 가까워진다.

긍정적인 사고를 나타내는 이야기가 있다. 다음 이야기를 주의 깊게 살펴보자.

육교 밑에서 구두를 닦는 소년이 있었습니다.

어느 날 최고급 승용차를 타고 온 손님이 구두를 닦았습니다.

소년은 구두를 닦으면서도 계속 그 승용차를 바라보았습니다.

신사가 말했습니다.

"저 차는 우리 형이 내게 사준 것인데 너도 그런 형이 있었으면 좋겠지?"

소년은 고개를 흔들었습니다.

"아뇨, 저는 돈을 벌어서 내 동생에게 저런 차를 사주고 싶어요."

당신은 어떤 생각을 가지고 있는가. 받으려하지 않고 주려하는 긍정적인 생각을 가지고 있는 그 소년은 분명히 동생에게 좋은 차를 사 주었을 것이다.

성공비결을 이야기하는 전문가들이 이구동성으로 강조하는 것이 바로 '긍정적인 사람이 성공한다.' 혹은 '성공한 사람은 모두 긍정적이다.'

이다.

어떤 은행에서 이런 일이 있었다.

상사가 창구직원을 부르자,

한 직원은 "지금 손님이 있어서 못 들어가겠는데요."

다른 직원은 "지금 손님이 계시니 일이 끝나면 들어가겠습니다."

이 몇 글자 차이도 없는 대답이 자세히 살펴보면 엄청난 차이가 있다.

처음 대답한 사람은 못 들어간다는 데 초점을 맞추고 있고, 두 번째 사람은 들어가겠다는 데 초점을 맞추고 있다.

이 사례는 단순히 말하는 방법의 차이나 예의범절의 문제가 아니라 그 사람이 얼마나 긍정적인 사고를 가지고 있느냐를 단적으로 보여준 것이다.

당신은 어떤 마음을 가지고 있는 사람인가?

어디로든 가고 싶으면 먼저 자신이 어디로 가고 싶은 지부터 알아야 한다. 인생에서 바라는 걸 이루고 싶으면 자신의 소신을 먼저 파악해야 한다는 뜻이다. 언뜻 듣기에는 간단한 일 같지만, 성공은 내가 누구이고 어떤 생각을 가지고 있는 사람인지를 아는 데서 시작하고 끝난다.

만일 당신이 산꼭대기의 소나무가 될 수 없다면 골짜기의 나무가 되라. 그러나 골짜기에서 제일가는 나무가 되라.

만일 당신이 나무가 될 수 없다면 덤불이 되라.

만일 당신이 덤불이 될 수 없다면 풀이 되라.

그리고는 주변을 아름답고 행복하게 만들라.

만일 당신이 풀이 될 수 없다면 이끼가 되라. 그러나 가장 생기 찬 이끼가 되라.

성공은 크지도, 그렇다고 거창한 것도 아니다. 자신이 원하는, 자신에게 맞는 일을 훌륭하게 해내는 것이 바로 성공이다.

우리는 다 선장이 될 수 없다. 선원도 있어야 한다.

우리는 누구나 쓸모 있는 존재다. 해야 할 큰 일이 있다. 반면에 작은 일도 있다.

그리고 우리가 해야 할 일은 가까이에 있다.

만일 당신이 고속도로가 될 수 없다면 오솔길이 되라.

만일 당신이 해가 될 수 없다면 별이 되라. 별이 될 수 없으면 달이, 달이 될 수 없으면……

사실 성공과 실패가 문제가 아니다. 하나의 실패로, 한 번의 좌절로 인생을 포기하지 마라.

당신 주변에는 당신을 기다리고 있는 무수한 일들이 있다. 자신에게 주어진 일에 긍정적인 마인드로 최선을 다하라. 그것이 바로 나를 성공으로 이끄는 참된 길이다.

꿈, 결심 그리고
아름다운 결실

우리들의 머릿속에는 항상 자신이 그리고 있는 꿈과 그것을 하고자 하는 결심, 아름다운 결실에 대한 생각들이 가득 차 있다.

해마다 꾸는 새로운 꿈도, 새로운 결심도 아름다운 결실을 이루기 위한 것이다.

하지만 세월이 흘러 뒤돌아보면 특별히 기억나는 것도 없고 이뤄낸 것도 없는 것이 사실이다. '내가 그런 계획을 세웠던가?'라고 반문하게 되는 경우도 있다. 반문하는 또 다른 이유는 자신의 계획을 이루지 못한 데 대한 부끄러움 때문이기도 하다.

계획은 어느 정도 구체성이 있어야 한다.

1953년 미국의 예일대학교에서 졸업생들을 대상으로 다음과 같은 질문을 했다.

"지금 당신은 구체적인 목표 혹은 꿈을 글로 써서 가지고 있습니까?"

이 질문에 졸업생중 단 3%만이 글로 자신의 목표를 기록하여 가지고 있다고 대답했다. 그 후로 20년이 지난 후 예일대학교에서 1953년 졸업생을 추적 조사한 결과 놀라운 사실이 밝혀졌다.

졸업 당시 인생의 목표를 글로 써서 가지고 있었던 3%에 해당하는 사람들의 재산이 그러지 않았던 나머지 97%의 재산보다 많은 것으로 조사된 것이다.

이처럼 자신의 꿈이 분명할수록 그 결실이 뚜렷하고 크게 되는 것이다.

호랑이를 그리고자 한 사람은 고양이를 그릴 수 있지만 고양이를 그리고자 한 사람은 호랑이를 그릴 수 없다. 크게 생각해야 큰 그림을 그릴 수 있다. 꿈은 크게 하고 현실에서는 그 꿈을 실현하기 위해서 끊임없는 노력을 해야만 한다.

한 공사 현장에서 세 명의 벽돌공이 벽돌을 쌓고 있었다.

길 가던 사람이 그 벽돌공에게 물었다. "무엇을 하고 있습니까?"

첫 번째 벽돌공이 이렇게 대답했다. "벽돌을 쌓고 있어요."

두 번째 벽돌공은 이렇게 대답했다. "시간당 만 원짜리 일을 하고 있소."

세 번째 벽돌공이 말했다. "나요? 나는 지금 세계 최고의 빌딩을 짓고 있다오."

이 세 사람의 대답에서 시사하는 바는 크다.

세 번째 벽돌공은 구체적이고 큰 그림을 그리고 있다. 이 사람의 미래는 우리가 말하지 않아도 짐작할 수가 있다.

"배가 항구에 머물고 있을 때 그 배는 언제나 안전하다. 그러나 그것은 배

의 존재 이유가 아니다."

– 존 세드

편안함에 안주해 있다면 아무것도 이룰 수 없다.

아무것도 하지 않는 것보다는 차라리 도전에 실패하는 것이 낫다는 말도 있다.

실패하는 것이 두려워 자신의 꿈을 포기하는 것은 아무것도 하지 않겠다는 말과 같다.

꿈을 꾸고 있다면, 그리고 꾸었던 그 꿈이 생각난다면 지금 도전하라. 어제는 이미 지나간 과거이니 과거에 얽매이지 말고 내일을 바라보라.

과거는 다 흘러간 것이다. 우리에게 있어서 인생의 가치를 발견하는 것은 바로 지금이요, 다가올 내일이다. 눈을 크게 뜨고 현재를 바라보고 그 현실 속에서 자기를 찾고 자신의 꿈을 만들어 나가야 한다.

현재는 과거로, 미래는 다시 오늘이 된다.

자기 인생의 주인은 자기 자신이라는 것, 그리고 계속해서 나는 진화한다는 확신을 가져라.

부정적인 생각보다는 긍정적인 쪽에 무게중심을 옮기도록 하라.

부정적인 생각을 하면 두려움과 불안의 감정이 밀려오고, 긍정적인 생각을 선택하면 평안과 용기가 생겨난다.

따라서 무엇이든 긍정적인 발상을 하는 습관을 가진 사람은 면역성이 강하여 좀처럼 좌절하지 않는다. 반면에 늘 부정적인 발상만 하는 사람은 한심스러울 정도로 스스로에게 상처받고 절망한다.

안 된다는 사고는 버려야 할 사고이다. 스스로에게 한 번 안 된다는 것을 용인하게 되면 나중에는 안 되는 방법을 기를 쓰고 찾아 낼 것이다.

되는 일에만 집중해도 시간이 모자랄 텐데 안 되는 이유를 찾느라 시간을 허비하는 것은 정말 어리석은 일이다.

수많은 이유 중 스티브 챈들러는 다음과 같이 성공을 가로막는 13가지 거짓말로 정리했다.

성공을 가로막는 13가지 거짓말

1. 하고 싶지만 시간이 없어!

2. 인맥이 있어야 뭘 하지!

3. 이 나이에 뭘 할 수 있겠어!

4. 왜 나에겐 걱정거리만 생기지!

5. 이런 것도 못하다니, 난 실패자야!

6. 사실 난 용기가 없어!

7. 사람들이 날 화나게 해!

8. 오랜 습관이라 버리기 어려워!

9. 그건 내가 할 수 있는 일이 아니야!

10. 맨 정신으로 살 수 없는 세상이야!

11. 가만히 있으면 중간이나 가지!

12. 난 원래 이렇게 생겨먹었어!

13. 상황이 협조를 안 해줘!

사람은 매일 새로 태어나고 매일 죽는다.

같은 날은 하루도 없다. 같은 시간은 한 순간도 없다.

새로운 시간과 공간을 맞이하는 사람은 새로운 마음을 가져야 한다. 과거의 생각으로 살아서는 안 된다. 과거에 매어 살면 항상 과거에 집착하게 된다.

새로운 마음으로 새로운 시간과 새로운 공간의 주인이 되어야 한다. 새로운 미래, 새로운 시간이 우리를 기다리고 있다. 새로운 마음을 선택하는 사람이 자신의 미래를 제대로 디자인한다.

미래가 현재보다 나아지기를 바란다면 큰 꿈을 꾸어야 한다.

꿈의 크기가 인생의 크기를 결정할 수도 있다.

꿈은 머릿속에 있을 때는 단지 꿈일 뿐이지만 매일 생각하고 되뇌면 의지가 된다.

여기에 적극적이고 열정적인 실천이 더해지면 비로소 꿈은 눈앞의 아름다운 결실로 다가온다.

성공도 우연이 아니고 실패도 우연이 아니다. 성공하는 사람은 성공에 이르는 꿈을 꾼 사람이고, 실패한 사람은 꿈을 꾸는 데 실패한 사람이다. 그림을 그리는 사람이 물감을 아끼면 그림을 못 그리듯, 요리를 하는 사람이 재료를 아끼면 음식 맛이 없어지는 것처럼 꿈을 아끼는 사람은 달디 단 미래의 아름다운 결실을 수확할 수가 없다.

'일 년을 넉넉하게 살고 싶으면 벼를 기르고 평생을 풍요롭게 살고 싶으면 꿈을 길러라.'라는 말이 있다. 꿈을 키우고 그 꿈의 열매를 수확하라.

꿈을 관리하자

속담에 "밥은 봄처럼, 국은 여름처럼, 장은 가을처럼, 술은 겨울처럼" 이란 말이 있다.

모든 음식에는 적정 온도가 있기 마련이다.

꿈에도 온도가 있다.

꿈, 달리 말하면 자기가 이루고자 하는 목표, 혹은 성공이라고도 할 수 있는데 그 꿈의 온도를 100℃라고 한다면 많은 사람들이 거의 100℃에 가까운 혹은 99℃에서 멈춰버린다.

기왕에 꿈을 가졌으면 꿈이 끓어오르는 그 시간까지 꿈을 꾸도록 하라.

성공하기를 바라고, 꿈을 이루기를 바란다면 자신을 존중하고, 자신의 가치를 높여라. 그리고 생활 속에서 기쁨을 창조하라. 당신의 생활을 기쁘고 보람차게 만들어라.

스스로 이 세상 누구보다도 행복하다는 것을 깨닫기 바란다. 왜냐하면 당신은 삶에 대한 꿈과 비전이 있기 때문이다.

꿈과 비전이 있다는 것, 그 꿈과 비전의 의미가 가슴 깊이 느껴졌을 때 당신은 힘을 갖게 될 것이며 꿈도 이루어질 것이다.

행복도, 꿈도 관리를 해야 된다. 관리를 하지 않으면 바람과 함께 사라질 것이다.

매일 꿈과 비전을 이룰 수 있다는 희망과 열망 속에서 눈을 뜨고 하루를 보내라.

자기가 어디로 가고 있는지 목표가 있다면, 그리고 자기가 바라는 길로 들어섰다는 확신만 있다면 남들이 뛰어가든 날아가든 한 발, 한 발 앞으로 가면 되는 것이다. 중요한 것은 어느 나이에 시작했느냐가 아니라 시작한 일을 끝까지 하는 의지가 있느냐는 것이다. 꿈이 있는 자에게 장애물은 연습코스일 뿐이다.

누구에게나 부자가 될 수 있는 능력이 있으며 자신의 꿈을 이룰 수 있는 기회나 재능이 있다. 단지 자신 속에 있는 능력을 덜 사용하고 있을 뿐이다.

누구에게나 공평하게 주어진 24시간은 세종대왕도, 링컨도, 아인슈타인이나 이순신 장군, 칭기즈 칸도 우리처럼 동일한 시간을 가지고 있었다.

이제 더 이상 시간이 없다는 핑계나 능력, 재능, 운을 탓하면서 '그때 할 걸.'이라는 식의 나중에 되돌아보며 후회하는 인생을 살아서는 안 될 것이다.

이제는 우리 안에 있는 충분한 능력을 발휘해보자.

긍정의 힘을 키우고 지금 이 순간에 집중하여 생각의 힘을 키우는 일상의 작업만으로도 인생을 바꿀 수 있다.

성공은 변화이고 결심이다. 간절히 바라는 당신의 그 꿈을 향해 온 몸을 던져라. 걸음마를 배우는 아기를 보면 어느 순간에 일어서는 것 같지만 수없이 넘어지고 또 넘어지고 나서야 비로소 걷는 법을 배운다. 평균 2천 번을 넘어져야 자신이 원하던 그 걸음마를 배운다고 한다. 당신은 그러한 열정을 잃고 있는 것은 아닌지⋯⋯.

넘어지면 낙심이 크다. 모든 것이 끝난 것 같기도 하고 다시는 못 일어설 것 같기도 하다.

그러나 우리 모두는 평균 2천 번 넘어졌던 걸음마의 시절을 이미 넘기고 오늘에 이르렀다.

넘어졌다고 조금도 낙심할 것 없다. 걷는 법을 조금만 더 연습하면 되는 것이다.

거북이보다 오뚝이가 되어라. 신은 실패자는 써도 포기자는 쓰지 않는다.

그뿐일까?

칠전팔기라는 말이 있다.

돌팔매질을 당하면 그 돌들로 성을 쌓으라는 말도 있다.

당신은 쓰러지지 않는 게 꿈이 아니라, 쓰러지더라도 다시 일어서는 게 꿈이 되도록 하라.

한 번 넘어지면 누군가가 뒤집어 주지 않으면 안 되는 거북이보다 넘어져도 우뚝 서고야마는 오뚝이로 살아라.

사람은 생각하는 대로 산다. 그렇지 않으면 사는 대로 생각하고 만다.

생각의 게으름이야말로 가장 비참한 일이다. 그래서 게으른 사람은 나이가 벼슬이라 한다. 나이로보다는 생각으로 세상을 들여다보아라.

항상 십대, 이십대 그리고 삼십대, 사십대……. 모든 연령을 아우르되 젊고 풋풋한 나이로 살아라.

"나는 승리에 사로잡힌 사람이 아니라 오직 진실에 사로잡힌 사람이다. 나는 성공에 사로잡힌 사람이 아니라 내 안에 있는 빛에 사로잡힌 사람이다."

미국의 16대 대통령 링컨이 한 말이다.

이 말은 성공과 목표를 향해 줄기차게 달려야 하지만, 놓치지 말아야 할 것은 그냥 뜀박질만 하는 사람이어서는 안 된다는 것이다.

우리 인생은 100미터 달리기가 아니라 마라톤이다.

내일에 대한 안배와 계획은 물론이거니와 인생의 큰 그림과 포부도 있어야 한다는 것이다.

링컨이 그랬던 것처럼 나를 사로잡는 뜨거운 진실과 빛, 그것에 대한 재조명과 확인이 필요하다.

그냥 바쁘게만 달려가지 말고 내가 달음질하는 그 끝도 그려보면서 달려가자.

이해인의 산문집 《꽃삽》에는 이런 이야기가 있다.

늘 열려있고 무한한 가능성을 안고 누워 있는 밭

그러나 누군가 씨를 뿌리지 않으면

그대로 죽어 있을 뿐 아무런 의미가 없는 밭

매일 다시 시작하는 나의 삶도 어쩌면
새로운 밭과 같은 것이 아닐까

밭에 씨를 뿌리는 마음으로 매일 살 수 있어야겠다

매일이라는 나의 밭에
나는 내 생각과 말과 행동으로
여러 종류의 씨를 뿌리는 것이라는 생각이 든다

유익한 명상의 씨를 더 많이 뿌리는 날도 있으리라
아름다운 말의 씨를 뿌릴 때가 있는가 하면
가시 돋친 말의 씨를 뿌릴 때도 있으며
봉사적인 행동으로 사랑의 씨를 뿌리는 날이 있는가 하면
이기적인 행동으로
무관심의 씨를 뿌린 채 하루를 마감하는 날도 있을 것이다

내가 매일 어떤 씨를 뿌리느냐에 따라서
내 삶의 밭 모양도 달라지는 것일 게다.

당신의 꽃밭에는 무슨 꿈의 씨를 뿌릴 것인가.
그리고 어떻게 그 움터 나오는 꿈을 가꿀 것인가.

이제 우리 안에 있는, 아니 당신에게 내재되어 있는 엄청난 잠재능력을 발휘할 때이다. 그 능력을 발휘할 때 꿈은 이루어질 것이다. 아니 그 꿈은 반드시 이루어진다.

더불어 사는 삶

'사람은 사회적 동물이다.'라는 말이 있듯이 혼자서는 살지 못한다.

달리 생각하면 100퍼센트 완벽한 사람은 없다는 말도 된다.

그래서 우리는 서로 부족한 부분을 채워주고, 어려운 일은 돕고, 미진한 부분은 보완하고, 그래서 사회가 유지되고 만물의 영장으로서 장구한 세월동안 생존을 해오고 있는 것이다.

간단히 말해서 사람은 더불어 사는 것이다.

여기서 우리는 하나의 교훈적인 이야기를 주목해 볼 필요가 있다.

어느 나그네가 캄캄한 밤길을 걸어가고 있었다. 낯선 길인데다 험하기조차 하여 길을 가기가 매우 힘이 들었다.

나그네가 겁먹은 채 더듬거리고 있는데 뜻밖에 앞쪽에서 등불이 반짝이는 게 보였다.

등불에 가까이 다가간 나그네는 깜짝 놀랐다.

등불을 든 사람이 장님이었기 때문이다.

"앞을 보지 못하는 분이 왜 등불을 들고 나오셨습니까?"

"나는 등불이 필요 없지만 다른 사람에게 도움이 될 것이기에 들고 나왔지요."

장님은 이렇게 말하면서 나그네에게 갈 길을 자세히 가르쳐 주는 것이었다.

자신보다 남을 생각하는 장님의 마음은 등불보다 더 밝은 빛이었다.

남을 배려하고 긍정적으로 생각하는 삶은 인간에게 있어 활기찬 에너지를 제공하는데, 타인으로부터 긍정이 아닌 부정을 당했을 때는 마음의 상처가 깊어진다.

하지만 타인으로부터 긍정의 말이 나오길 기다릴 필요 없이 먼저 다가서고, 배려하고, 긍정하는 마인드를 가져보자. 자기 자신에 대한 긍정과 칭찬을 하면 마음 깊이 그 느낌이 전해질 것이다.

사람은 서로 에너지를 주고받으며 산다. 전염성도 강하다. 내가 먼저 긍정 에너지를 발산하면 주변사람도 긍정 에너지를 갖게 되고, 반대로 부정 에너지를 보내면 옆 사람도 부정 에너지를 갖게 된다.

따라서 자기 안에서 긍정 에너지가 끊임없이 샘솟도록 노력해야 한다. 그래야 자신의 마음에 편안함이 찾아오고 동시에 주변 사람도 긍정적인 삶을, 긍정적인 생각을 갖게 될 것이다.

가끔 누군가 내게 행한 일이 너무나 말도 안 되고 화가 나서 견딜 수 없을 때가 있다.

며칠 동안 가슴앓이하고 잠 못 자고 하다가도 문득 '만약 내가 그 사람 입장이었다면 나라도 그럴 수 있었을지 모르겠다.'는 생각이 들 때가 있다.

그러면 꼭 이해하는 마음이 아니더라도 '오죽하면 그랬을까.' 하는 동정심이 생기는 것이다.

물론 그러지 않았더라면 좋았겠지만, 그리고 그 대상이 나였다는 것이 너무나 억울하고 마음 아프지만, 그래도 마음의 응어리가 조금씩 풀어지면서 '까짓것, 그냥 용서해 버리자.'라는 마음이 생길 때가 있다.

'남'의 마음을 '나'의 마음으로 헤아릴 때 생기는 아름다운 현상이다.

사람에 대한 미움이 생길 때, 미운 감정은 마음을 불편하게 할 뿐 아니라 그 감정이 쌓이고 뭉쳐서 병이 되기도 한다.

어떤 대상을 거부하기 시작하면 싫어하는 생각과 감정이 지속적으로 발생하고 몸의 세포들도 저항의 파동으로 공명한다.

지금 어딘가에 이유 없이 찌뿌드드하고 기운이 빠진다면 마음을 들여다보자. 내 안에 누군가에 대한 미움, 원망, 두려움이 있지는 않은가? 그 마음을 없애려 들기보다 그 자리에 사랑과 배려를 심어보자.

사랑은 저절로 찾아오지 않는다. 사랑은 연습을 통해서 자라날 수 있다. 그것을 이해한다면 누군가를 미워하느라 낭비하는 에너지를 사랑의 에너지, 창조의 에너지로 전환시키는 일이 훨씬 쉬워질 것이다.

한쪽 문이 닫히면 다른 문이 열리고……. 다른 방, 다른 곳에서 다른 사건이 일어난다.

우리 삶에는 열리고 닫히는 많은 문들이 있다.

당신이 바꿀 수 있는 것은 오로지 당신 자신이다.

— 헬렌 니어링

마음보기

불경에 이런 이야기가 있다.

하루는 마침 부처님의 생신날이라 많은 중생이 모인 앞에서 부처님이 이렇게 설법하였다.

어느 마을에 네 명의 아내를 가진 사내가 있었다.

첫째 아내는 곁에 두고 먹고 입고 싶은 것 다 거두어 먹이고 입히는 애지중지하는 아내다.

둘째 아내는 첫 번째 아내만큼은 덜 총애하나 남들과 싸워가며 쟁취한 아내로 남들이 넘보지 못하게끔 아끼는 아내다.

셋째 아내는 만나면 그렇고 그러나 떨어져 있으면 보고 싶은 사이다.

넷째 아내는 하녀나 다름없이 남편에게 순종하며 일만 하고 위로의 말 한마디, 사랑의 말 한마디도 듣지 못하는 의중에 없는 존재다.

어느 날 이 사나이가 살던 곳을 떠나 먼 나라로 여행을 떠나게 됐다.

이에 첫째 아내를 불러 더불어 가줄 것을 당부했으나 "죽어도 이곳에서 죽지 같이 갈 수 없다."며 막무가내였다.

무정을 탓하고 둘째 아내를 불러 당부했다.

"제일 사랑하는 첫째 아내도 같이 가지 않는데 내가 어떻게 따라갈 수 있겠냐."며 거절했다.

세 번째 아내는 "당신의 은혜를 입었기에 마을 밖까지는 배웅하겠으나 그 이상은 따라갈 수 없다."고 잘라 말했다.

하는 수 없이 넷째 아내에게 부탁했다.

"괴롭건 즐겁건, 죽건 살건 곁을 떠날 수 없는 몸이니 이 세상 어디든지, 또 아무리 먼 곳이라도 따라 가겠습니다."라고 했다.

이 사나이는 별로 마음에 들지 않는 넷째 아내와 더불어 사는 곳을 떠나갔다.

부처님은 설법을 계속하였다.

"여기에서 사는 곳은 이승이요, 먼 외국은 저승이다. 첫째 아내는 이승에 살았을 제 지니고 사는 제 몸, 곧 육신이다. 아무리 애지중지하는 육신일망정 죽을 때는 이승에서 썩어 문드러져버리는 맹탕이다. 둘째 아내는 재산이다. 아무리 고생고생해서 모은 재보(財寶)일지라도 죽을 때 가져갈 수는 없다. 셋째 아내는 부모, 형제, 처자, 친구다. 살았을 때는 서로 의지하고 살지만 죽고 나면 마을 밖 무덤까지만 배웅하고 열흘도 안 되어 잊어버리는 그런 사이다. 넷째 아내가 바로 마음이다. 살았을 제 괄시하고 괴롭히고 찢고 발기고 하더라도 끝내 저승까지 동반하는 것은 마음뿐인 것이다."

부처님은 설법에 모인 중생들에게 생일 떡이라면서 이 마음을 각자에게 나누어 주었다.

중생들은 그 보이지도, 잡히지도 않는, 하지만 뜻이 무거운 떡을 나누어 들고서 돌아갔다고 한다.

그렇다. 마음은 보이지도 않고, 잡히지도 않고, 그렇다고 딱히 무어라고 정의를 내릴 수도 없는 것이 바로 마음이다. 물론 사전적 정의는 생각, 의식 또는 정신이라고 나와 있지만, 이것이 마음을 다 표현했다고 믿는 사람은 없을 것이다.

또 우리가 낸 생각대로 내 마음을 좌지우지한다거나 또는 마음이 내키는 대로 나 자신이 내 의지와는 상반된 행동을 하지도 않는 것은 자명한 사실이다.

그래서 이 마음을 좋은 방향, 좋은 마음으로 이끄는 것은 우리가 살아가는 데 있어 가장 중요한 일이라 하겠다.

링컨이 대통령에 당선되기 전에 절친하게 지냈던 친구가 한 사람을 데려와서 링컨에게 추천하며 써달라고 부탁했다.

그러자 링컨은 그 추천한 사람을 바라보더니, 그 자리에서 거절했다.

친구가 그 이유를 묻자 링컨은 "사람은 나이가 들면 자기 얼굴에 책임을 져야 하네."라는 말을 했다고 한다.

나이가 들어가면서 자기 마음이 그대로 투영되어 얼굴에 드러나는 것이다.

너무나 유명한 일화이다. 부연하자면 마음씨가 나빠 보였다고나 할까.

이와 같이 마음은 자신을 나타내지만 또 한편으로는 그 마음을 다 잡는 것은 바로 나 자신인 것이다.

마음에 미움이 가득한 사람은 항상 외롭다. 주변에 많은 사람이 있어도 사랑하는 사람이 있을 수 없으니까.

그러나 마음에 사랑이 가득한 사람은 걱정이 없다. 지금은 비록 쓸쓸하고 외로워도 그 마음의 사랑으로 곧 많은 사람으로부터 사랑받게 될 테니까.

마음에 욕심이 가득한 사람은 항상 부족하다. 채워도, 채워도 항상 모자라니까.

그러나 작은 것에 만족할 줄 아는 사람은 걱정하지 않는다. 지금은 비록 어리석게 보여도 그 마음의 작은 기쁨들로 곧 행복한 이야기를 만들어 낼 테니까.

결국 마음은 내가 만드는 것이요, 또한 내가 만든 마음속에 내가 있는 것이다.

마음은 모든 우주를 안을 수 있을 만큼의 크기이기도 하지만 한편으로는 아무것도 담을 수 없을 만큼 작기도 한 것이다.

내가 만드는 그 마음의 크기, 그 크기 안에서 욕심이란 주머니 속의 나를 조금 덜어내고 작은 여유로움을 가져보는 것은 어떨는지……

배려하는 마음과 삶

삶을 살아가다 보면 부딪히는 문제가 셀 수 없이 많다.

자신이 잘했을 수도, 잘 못했을 수도 있다.

그 부딪히는 과정에서 우리는 상대방의 입장에 서본 일이 있는가?

우리가 남들을 용납하지 못하거나 비난하게 되는 것은 우리 스스로가 자신의 마음속에서 용납하지 못하거나 비난하는 목소리가 있기 때문이다. 그것은 살아오면서 생긴 자신의 모습이기도 하다. 천사의 목소리도 내 안에서 나오고, 악마의 목소리도 다름 아닌 내 안에서 나온다.

똑같은 경험도 내 안에서 어떻게 삭이고 녹이느냐에 따라, 나오는 목소리가 전혀 다르다.

아무리 나쁜 경험도 스스로 잘 녹이면 좋은 경험으로 바뀐다. 내 안의 목소리도 천사처럼 바뀌고 인생도 아름답게 바뀐다. 한 마디로 표현한다면 바로 그것이 긍정적인 마음에서 비롯된다고 할 수 있다.

사람은 다 같은 사람이지만 바람보다도 가벼운 사람 그리고 돌보다도 무거운 사람이 있다.

바람보다도 가볍다는 것은 후후 불면 떠다니며 지나는 사람의 신경을 콕콕 찔러 불쾌하게 만드는 가시 박힌 솜털 같은 그런 사람이고, 돌보다도 무겁다는 것은 물 아래 고요히 풍파를 일으키지 않고 자기자리를 지키는 그런 사람이다.

가볍고 무겁다는 것은 마음의 무게요, 마음의 무게는 말과 행동으로 표출된다. 표출되는 빛과 그림자는 겸손함과 경솔함으로 나타나고, 경솔함은 상대의 마음에 상처를 입히게 된다.

문제는 자기 스스로 자기 무게를 모른다는 것. 언제나 저울 위에 올려놓고서 스스로의 무게를 재보아야 한다.

여기에서 우리는 나 아닌, 내가 모르는 또 하나의 나를 발견하게 된다.

겸손은 삶의 약이고, 경솔은 삶에 있어 독이 된다.

남의 성공을 기뻐할 수 있는 사람은 행복하다.

타인의 성공을 순수하게 기뻐할 수 있는 것, 그것이 얼마나 행복한 일인지 해본 사람은 느껴 보았을 것이다.

나 아닌 다른 사람 중 가족의 성공을 느껴본 사람도 아마 비슷한 느낌을 받을 것이다.

'사촌이 땅을 사면 배가 아프다?'

이 말은 '사촌이 땅을 사서 너무 기쁘다.'라고 바뀌어야 된다고 생각한다.

제일 나쁜 사람은 '나뿐인 사람'이라는 말이 있다.

타인의 성공이나 행복을 진심으로 축하하는 마음을 가지면 자신의 행복의 지평을, 더 나아가 우리 모두의 행복의 지평을 넓혀 줄 것이다.

얼음은 차가운 물을 부으면 잘 녹지 않고 뜨거운 물을 부어야 잘 녹는다.

마찬가지로 얼음처럼 차가운 이기적인 사람에게는 뜨거운 물과 같이 사랑과 배려와 베풂과 나눔을 주고 어울리고 동행이 되어 주어야 한다.

뜨거운 물이 되면 감사와 기쁨을 누릴 수 있다. 뜨거운 물이 되면 상대방의 마음과 영혼을 녹여 진정한 사람을 얻게 된다.

추운 날 손이 시린 사람에게 손이 차다는 말보다는 그 손을 끌어다 따뜻하게 감싸 주는 편이 낫다.

'네 말을 이해 못 하겠어.'라는 말보다는 '다시 한 번 말해줄래.'라고 말하는 게 더 낫다.

차가운 손을 맞잡아 주면 내 손까지도 따뜻해진다.

서로 한 걸음 다가서면 거리가 두 배로 가까워진다. 머리로는 이해하기 힘들다 해도 따뜻한 가슴으로 한 번만 더 들어주면 마음의 빙하도 녹일 수 있다. 모두 남을 이해하려하는 긍정적인 마음에서 시작된 작은 배려의 힘이다.

사는 게 아주 힘들 때 위로의 백 마디 말보다 따뜻한 마음을 담아 어깨를 꾸욱 쥐어주는 손길이 더 진실하다.

비를 맞고 있을 때 온몸으로 함께 비를 맞아주는 우정이 더 진실하고, 백 마디 찬사보다 손을 꼭 잡았을 때 신뢰가 더 진실하고, 천 마디 고백보다 사랑을 담은 시선이 훨씬 더 진실하다. 그것이 바로 온기의 힘이다.

가을을 지나 겨울의 길목에서, 고독도 같이 깊어가는 겨울의 길목에서, 따뜻한 온기가 그리운 이 계절에 말이 아닌 손, 손이 아닌 가슴이 필요하다.

진정어린 관심과 배려로 이 계절을 이겨나가도록 하자.

변화하는
삶과 물의 자세

현대를 살아가는 우리의 삶은 변화와 그 변화를 온몸으로 부딪쳐 나가는 과정에서 일어나는 각종 어려움과 위험부담 그리고 그러한 문제를 해결해 나가기 위한 각고의 노력이 내재된 한 편의 장대한 드라마라 할 수 있다.

한편으로는 평범한 삶을 살면서도 다른 한편으로는 자유로운 삶을 가로막는 기존의 생각과 틀을 깨뜨리는 과정을 거쳐나가야 한다.

새로운 삶을 개척해 나가는 과정에서 평생의 우정, 자아실현, 위대한 창조를 실현하면서 기쁨과 보람을 만나기도 하지만 실패, 실망, 질병 등에 의한 좌절 그리고 죽음에 맞닥뜨릴 수도 있다.

삶, 인생은 없는 길을 가야 하는 고난의 길이기도 하다. 여기에는 엄청난 내적 에너지가 필요하고 어느 순간 거대한 파도처럼 밀려드는 고난과, 혼자 짊어져야 하는 삶의 무게로 절대고독의 순간에 부딪히면 그 순간을 견디지 못하고 그 자리에 주저앉기도 한다.

그러나 힘들어도 물과 같은 자세로 역경을 헤쳐 나가는 방법을 노자는 '상선약수'라는 말로 설파했다.

上善若水(상선약수)

지극히 착한 것은 마치 물과 같다.

水善利萬物而不爭(수선리만물이부쟁)

물은 만물을 좋고 이롭게 하면서도 다투지 아니하고

處衆人之所惡(처중인지소오)

많은 사람들이 싫어하는 (낮은) 곳에 처하니,

故幾於道(고기어도)

그런 까닭으로 도에 가깝다 하리라.

신영복 선생은 '상선약수의 자세'를 다음과 같이 풀이했다.

노자의 철학을 함축하는 말로 '물의 철학'이라는 말을 한다. 노자가 물을 최고의 선과 같다고 하는 까닭은 크게 세 가지로 나누어 볼 수 있다.

첫째는 만물을 이롭게 한다는 것이다.

물이 만물을 이롭게 한다는 것에 대해서는 더 설명할 필요가 없다. 雨露(우로)가 되어 만물을 생육하는 것이 바로 물이다. 생명의 근원인 것이다.

둘째는 다투지 않는다는 것이다.

다투어야 마땅한 일을 두고도 외면하거나, 회피하는 도피주의나, 투

항주의로 이해해서는 안 된다. 다투지 않는다는 것은 가장 과학적이고 합리적인 방식으로 실천한다는 뜻이다. 다툰다는 것은 어쨌든 무리가 있다는 뜻이다. 물 흐르듯이 자연스럽게 하는 일이 못되는 것을 노자는 '쟁'이라고 하였다. 물은 결코 다투는 법이 없다. 산이 가로막으면 멀리 돌아서 간다. 바위를 만나면 몸을 나누어 비켜간다. 곡류하기도 하고 할수(割水)하기도 하는 것이다. 가파른 계곡을 만나 숨 가쁘게 달리기도 하고 아스라한 절벽을 만나면 용사처럼 뛰어내리기도 한다. 깊은 분지를 만나면 그 큰 공간을 차곡차곡 남김없이 채운 다음, 뒷물을 기다려 비로소 나아간다. 너른 평지를 만나면 거울 같은 수평을 이루어 유유히 하늘을 담고, 구름을 보내기도 한다.

셋째는 사람들이 싫어하는 곳에 처한다는 것이다.

물이 사람들이 싫어하는 곳에 처한다는 것은 가장 낮은 곳에 처한다는 뜻이며, 또 가장 약한 존재임을 뜻한다. 가장 약하지만 무한한 가능성을 가지고 있는 것이 바로 물이다. 천하에 물보다 약한 것이 없지만 강한 것을 공격하기에 이보다 나은 것은 없으며, 이를 대신할 다른 것이 없다고 선언하고 있다. 세상에서 가장 낮은 물이 '바다'이다. 낮기 때문에 바다는 모든 물을 다 받아들인다. 그래서 그 이름이 '바다'이다. 세상의 모든 물을 다 받아들일 수 있는 것은 가장 낮은 곳에 있기 때문이다. 우리가 생각해야 하는 것은 물이 강한 것을 이길 수 있는 이유가 무엇인가이다. 연약한 것이 강한 것을 이기고 부드러운 것이 단단한 것을 이기는 이유를 읽어내야 한다.

급변하는 현대를 살아가는 우리에게 삶의 속도는 너무 빨라 어느 때는 그 속도를 따라잡지 못해 좌절하기도 한다. 그래서 혹자는 느림의 미학, 느림의 철학을 이야기하기도 한다.

그러나 시대를 거스른다는 것은 많은 희생과 대가를 치러야 하기도 한다. 이때 중요한 것은 이 시대에 대처하는 우리의 자세라고 강조하고 싶다.

여기에서 노자의 '상선약수의 자세'는 바로 현대를 살아가는 우리에게 꼭 필요한 삶의 자세가 아닌가 싶다.

물의 자세를 기억하면서 우리 모두 오늘을 슬기롭게 헤쳐 나가도록 하자.

생각을 바꾸고
바라보는 또 다른 세상

올림픽 역도 금메달에 빛나는 장미란이 상명대에서 특강한 내용 중에 이런 이야기가 있다.

"생각을 바꾸면 행동이 바뀌고, 행동이 바뀌면 습관이 바뀌고, 습관이 바뀌면 생활이 바뀌고, 생활이 바뀌면 인생도 달라진다."

힘든 선수생활과 기록에 대한 부담감으로 항상 시달리면서도 자신을 잃지 않고 긍정적인 자세로 선수생활을 마감한 장미란의 신조이기도 하다. 모든 일은 자신이 마음먹기에 달렸다는 긍정적인 마인드를 표현한 말이기도 하다.

이러한 말도 부정적인 쪽으로 나아간다면 또한 안 좋은 쪽으로 인생이 기울 것이다. 부정적인 선택을 하면 두려움과 불안한 감정이 밀려오고, 긍정적인 생각을 선택하면 편안한 마음과 밝은 감정이 우러나온다.

일반적으로 사람들은 자신의 울타리에서 벗어나지 못하고 자신의 관점에서만 사물을 바라보고 생각하고 판단한다. 아니면 타인의 생각에 지배되어 자신의 생각이 무엇인지도 모르고 거기에 휩쓸려 마치 내 생각과 일치되는 양 행동을 한다.

부처가 수행 중일 때 제자가 질문을 했다.

"스승님 제 안에는 개 두 마리가 살고 있습니다. 한 마리는 온순하고 충직하며 남을 배려하고 주인의 말에 복종하는 착한 개가 한 마리, 그리고 무엇이든지 보면 짖고 물려고 하며 욕심이 많고 주인의 말을 듣지 않는 사나운 개가 한 마리 살고 있습니다. 두 마리가 서로 싸우면 어느 개가 이기겠습니까?"

그러자 부처님이 이렇게 말했다.

"네가 먹이를 주는 놈이 이기느니라."

여기서 개는 자신의 생각과 마음을 표현한 것이다.

우리는 무슨 일을 할 때 이럴까, 저럴까 두 갈래 길에서 망설일 때가 많다. 길에 떨어진 돈을 주울까 말까, 술 취한 사람이 길가에 쓰러져 있는데 도움을 주어야 할까 말까, 못된 상사에게 겉으로는 웃지만 속으로는 한 대 때려 버릴까 하는 정말 많은 생각들이 교차한다. 그럴 때 우리는 내 안에 사는 사나운 개와 만나 조용히 타일러야 한다. 누구를 원망하지도 말고, 성내지도 말고, 내 것이 아닌 것은 탐내지도 말라고 말이다.

또 좋은 말로 알아듣게 이야기해야 한다. 네 능력과 네가 가진 것과 네가 아는 만큼만 너의 것이라고. 그 이상은 욕심이며 분수를 알고 교만하지 말고 겸손하라고…….

그러나 욕심과 용기는 다르다.

자신의 능력이 모자랄 때 그리고 넘기 힘든 벽이 앞에 있을 때 포기하지 않고 도전하는 것은 탐욕이 아닌 용기이다. 실패해서 꿈이 깨지는 것보다 더 두려운 것은 도전 앞에서 스스로 자신을 판단하고 꿈을 접는 나약함이기 때문이다.

이러한 용기는 긍정적인 마음의 또 다른 표현이기도 하다.

위기가 닥쳤을 때 대부분의 사람은 마음의 준비를 하지 않은 탓에 당황하고 겁을 먹는다.

그러나 용기 있는 사람은 여간해서는 당황하는 법이 없다. 의연하고 용기 있는 태도는 주변 사람들도 안정을 찾게 만드는 힘이 있다.

조르주 퐁피두 프랑스 전 대통령의 묘비에는 이런 글귀가 새겨져있다.

"나는 사는 동안 내가 할 수 있는 모든 것을 다 했다."

이 묘비명은 후회 없는 최고의 인생을 살다 간 사람만이 적을 수 있는 인생의 마지막 문장이라 할 수 있다. 약간 무례하다는 생각이 들기도 하지만 자신이 하고자 한 일들을 다 해낸 사람만이 쓸 수 있는 글귀이기도 하다.

"우물쭈물 하다가 내 이럴 줄 알았다."

노벨상 수상 작가이자 극작가였던 버나드 쇼의 인간적인 회한이 담긴 묘비명과 비교가 된다.

이 세상을 떠날 때 갖고 갈 수 있는 것은 물건이나 돈이 아닌 추억이요, 자신이 품었던 뜻이다. 그 뜻을 위해 한 평생 신명을 바치고 세상을 떠날 때, 그리고 자신이 이루고자 했던 뜻이 다음 세대에까지 이어져 뜻 있는 역사가 될 때, 그 죽음도 뜻을 갖게 된다.

죽음 너머 늘 그 뜻은 살아있게 된다.

우리는 우물 안 개구리처럼 나만의 벽을 가지고 세상을 살아가고 있다. 그 벽에는 물론 문이 있다. 그러나 닫아만 둔다면 그것은 문이 아니라 그냥 벽이 된다. 문을 열면 같은 세상인데 문을 닫으면 그로 인해 세상은 나뉘게 된다.

둘러싸인 벽 속에서 가끔 문을 열고 나와 변화하는 세상을 보고, 때로는 옆 집 문을 두드려 마음과 마음을 열고 서로의 생각을 나눌 필요가 있다.

저 사람의 벽 속에는 무엇이 있는지, 똑 같은 사물을 볼 때 어떤 각도, 어떤 마음으로 그것을 보는지, 나의 생각이 틀리지 않았는지 살펴볼 필요가 있다.

삼각형의 벽을 가지고 있는 사람은 삼각형의 하늘이 있을 것이고, 둥근 모양의 벽을 가지고 있는 사람은 하늘이 둥글게 보일 것이다.

삼각형의 관점에서 내성적인 사람이 둥근 모양으로 생각하면 진지한 생각이 있는 사람으로, 소심한 사람은 실수가 적은 사람으로, 질투심이 많은 사람은 의욕이 넘치는 사람으로, 자신감이 없는 사람은 겸손한 사람으로 보일 수도 있다.

생각의 차이요, 관점의 차이다. 생각을 바꾸면 그 사람의 단점이 장점으로도 보일 수 있는 것이다. 자기 생각, 자기 고집의 틀에서 벗어나 다른 사람의 단점보다는 장점을, 안 좋은 것보다는 좋은 것만을 보도록 하자.

내가 가지고 있는 틀에서 벗어나 문 밖으로 나서자.

내가 가지고 있는 벽의 넓이는 내 생각에서 드러난다.

"나는 깊게 파기 위해 넓게 파기 시작했다."

스피노자의 이 말처럼 자기만의 아집이나 시선에 갇혀 살기보다는 좀 더 넓게 생각하고 다양한 시각으로 바라볼 때 세상은 훨씬 재미있고 조화로운 어울림 속에서 살아 갈 수 있다.

나의 생각과 행동을 바꿔 인생을 보다 바람직하게 바꿔보자. 다이아 몬드도 처음에는 그냥 투명한 돌에 지나지 않았다. 그 돌을 다듬고 깎아서 찬란한 보석으로 재탄생시키는 것이다.

내 생각도 다듬을 필요가 있다. 아무리 가치가 없는 것도 스스로 결정했고 내가 선택했기 때문에 그것은 세상 어느 것보다도 소중하고 의미가 있다. 그 귀한 선택을 보다 귀하게 다듬는 것은 바로 나의 역할이다. 가슴이 시린 계절의 아름다움도 내가 귀하게 여기지 않으면 하찮은 일상이 되고 만다.

자기 자신이 주인공인 삶이 거대한 서사시임을 자각하는 것은 내가 선택한 삶이기 때문에 가능한 것이다.

모든 일에 자존감을 가지고 스스로 변화하는 생각을 가질 때 세상은 내 안에 살고 있는 충직한 개가 사나운 개를 이기는 그런 세상이 되는 것이다.

모든 일에는 시작과 끝이 있다. 이 시작과 끝을 결정하는 것은 바로 나 자신이다.

시작과 끝을 아름답게 장식하는 사람은 모든 사람을 행복하게 만든다.

시작과 끝에서 희망을 보는 사람은 보다 나은 내일을 창조하는 사람이다.

생각을 바꾸고, 행동을 바꾸고, 습관을 바꾸고, 생활을 바꾸고, 인생을 바꾸어 보자.

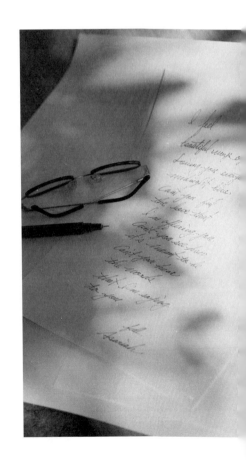

우리 그리고 나

외국인들이 우리나라에 와서 놀라는 것 중 하나가 '우리'의 개념이라고 한다.

가족을 우리 식구, 나의 집이 우리 집, 내 물건이 우리 물건, 자신의 형제자매를 이야기할 때도 우리 형, 우리 누나, 우리 부모 등 개인주의가 발달한 서양인들이 이 개념을 이해하는 데는 한참이 걸린다고 한다.

'우리'의 사전적 의미로는 자기와 함께 자기와 관련되는 여러 사람을 다같이 가리킬 때 쓰는 말이라고 되어 있고, '나'라는 의미는 사기 사신을 가리키는 말이라고 되어 있다. 그런데 옛날부터 우리는 이 '우리'라는 말을 자연스럽게 내 것임에도 불구하고 공동체 내지는 다수의 소유인 양 쓰고 있다. 이것은 아마도 마을을 이루고 오랫동안 같이 살면서 서로 돕고 내 것, 네 것이 없이 돌려서 쓰던 미풍의 모습이 오늘날에도 이어져 내려오고 있는 것이 아닌가 싶다.

그래서 우리는 그 끈끈한 유대관계와 정으로 표현되는 공동체의식으로 우리나라를 유지하고 있는 것이라 생각한다.

그런데 현실은 어떠한가?

이렇듯 끈끈하게 이어져 내려오던 공동체의식이 점점 '나'를 위주로 하는 개인주의 성향으로 바뀌어 가고 있다. 자신이 속한 조직의 이익보다는 내 개인의 행복을 추구하기 위해 조직 구성원으로서의 역할을 소홀히 하거나, 거기에 더해 오히려 조직의 분위기를 망치거나, 조직에 손해를 끼치는 경우를 우리는 종종 볼 수 있다. '우리'라는 개념을 이해하지 못하고 나만을 앞세우는 경향이 짙어지고 있는 것이다.

세상은 나 혼자 살 수 없다. 우리라는 무리 속에서 서로 도와가며 부족한 부분을 채우며 살아가는, 사회라는 곳에서 사회생활을 하는 것이다.

다음의 우화 한 편을 보도록 하자.

어느 날, 몸의 각 부위들이 비상회의를 열었습니다.

코가 일어나 말했습니다.

"여러분! 지금처럼 경기가 어려운 때에 우리 중에 혼자 놀고먹는 아주 못된 백수가 한 놈 있습니다. 바로 저하고 제일 가까이 사는 입이라는 놈인데, 그 입은 자기가 하고 싶은 얘기는 혼자 다하고 먹고 싶은 음식은 혼자 다 먹습니다. 이런 의리 없는 입을 어떻게 할까요?"

그 말에 발이 맞장구를 쳤습니다.

"저도 입 때문에 죽을 지경입니다. 우리 주인이 얼마나 무겁습니까? 그 무거운 몸으로 몸짱 만들겠다고 뛰니 아파 죽겠습니다. 그래서 내가 왜 이 고생을 하나 하고 가만히 생각해 보니 저 입이 혼자만 많이 먹어서 그런 것입니다."

그때 손도 말했습니다.

"게다가 입은 건방집니다. 먹을 때 자기 혼자 먹으면 되지 않습니까? 개나 닭을 보세요. 그것들은 스스로 먹을 것을 잘 먹는데, 입은 날보고 이거 갖다 달라, 저거 갖다 달라 심부름을 시키고 자기만 먹습니다. 정말 아니꼬워 견딜 수가 없습니다."

마지막으로 눈이 말했습니다.

"이렇게 비판만 하지 말고 행동을 합시다. 앞으로는 맛있는 음식이 있어도 절대 보지도 말고, 냄새 맡지도 말고, 입에게 가져다주지도 맙시다."

그 제안이 통과되어 즉시 입을 굶기기 시작했습니다.

사흘이 지났습니다. 손과 발은 후들 후들 떨렸습니다.

눈은 앞이 가물가물해서 아무것도 보이지 않았고, 코는 사방에서 풍겨오는 음식냄새로 미칠 지경이었습니다.

바로 그때 조용히 있던 입이 말했습니다.

"여러분! 이러면 우리가 다 죽습니다. 제가 저만 위해 먹습니까? 여러분들을 위해 먹는 것입니다. 먹는 것도 쉽지만은 않습니다. 때로는 입술도 깨물고 혀도 깨뭅니다. 그러니 너무 섭섭하게 행각하지 말고 서로 협력하면서 삽시다."

그 말에 다른 부위들이 수긍을 하고 예전처럼 자기의 맡은 일을 해서 건강하게 잘 살았다고 합니다.

이 우화에서 우리가 느낄 수 있는 것은 사회생활을 함에 있어 나 혼자 아무리 중요한 일을 한다 하더라도, 또 내가 아무리 능력이 뛰어나다 하더라도 '우리'가 아니면 살아나갈 수 없다는 것이다.

위의 우화에서 입이 아닌 다른 부위가 없을 때 그 불편함도 아마 마찬 가지가 아닐까 생각한다.

각자가 손해 보지 않으려고 하는 것은 편해지고 싶다는 것과 일맥상통하는 이야기다.

누구나 그런 마음을 갖고 있지만 그 중에는 자기가 손해보는 것을 알면서도 남보다 한 번 더, 남보다 조금 더 하는 사람들이 있다. 그것도 기꺼이, 진심으로 한다. 이런 사람은 '우리'라는 개념을 잘 아는 사람이다.

나의 희생으로 우리가 잘 되길 바라지만, 이것은 결코 희생이 아니고 손해도 아니다. 먼 미래도 아닌 가까운 장래에 결국은 몇 배의 보상이 되어 돌아온다. 따라서 역지사지, 상대방의 관점에서 보면 '이 세상이 나로 인해 돌아가고 있는 것이 아니고 우리 모두의 힘이 한데 모여 하나의 사회를 만들어 나가고 있구나.' 하는 것을 느끼게 된다.

중요한 것은 마음을 열고 다른 사람들의 소리에 귀를 기울이는 것이다. 마음을 연다는 것은 여러 가지 다양성을 수용한다는 의미도 될 수 있다.

흔히 인생을 여행에 비유한다.

그러나 계획했던 대로 여행이 진행되진 않는다. 이런저런 고생을 하기도 하고 또는 좋은 추억이 생기기도 한다. 그 고생과 시련의 순간순간에 드러나는 지혜와 동반자와의 협력으로 그러한 순간들을 모면하고, 결국에는 좋은 여행, 보람 있는 해피엔딩이 된다.

좋은 결과를 얻게 되기까지에는 동반자의 조력과 주변의 여건들이 잘 조화를 이루었기 때문이었을 것이다. 여기에서 동반자와 주변의 여건이라는 것도 알고 보면 우리라는 개념과도 상통한다는 것을 알 수가 있다.

지금부터라도 '나'보다는 '우리'를 생각하고, 나만의 시각보다는 상대방의 입장에서 바라보고 생각하는, 나만의 행복이 아닌 우리 모두의 행복을 생각하는, 그런 넓은 시야, 남을 배려하는 작은 희생의 마음을 갖도록 노력하자.

인생의 목표 그리고 도전
: 처음처럼

목표나 비전이 없는 삶은 편안할 것 같지만 건강한 삶에는 오히려 독이 된다.

아무런 꿈이 없을 때 삶은 무감각해진다. 목표를 가지면 삶은 건강하고 활기차게 된다.

젊고 건강하게 사는 사람들을 조사한 결과 많은 이들이 특별한 노력보다 목표와 비전을 이루기 위해 열심히 살아가는 과정에서 자연스럽게 건강이 따라왔다고 한다.

목표의 크기는 자신이 쓸 수 있는 에너지 크기를 좌우하며, 주변의 에너지도 그만큼만 움직이게 한다. 이룰 수 있는 목표를 세우고 구체적이고 분명한 목표를 마음에 가지고 이를 추진해 나갈 때 자신이 이루고자 하는 것보다 더 많은 것이 이루어진다. 이를 위해 매일 자신의 몸과 마음, 생각을 긍정적으로 만든다. 긍정의 마음을 채우게 되면 자신의 무한한 가능성에 한 발 다가서게 되며, 자신의 자긍심을 자각하여 하고자 하는 일에 대한 열정과 성공을 약속할 수 있다.

만약 당신이 처음에 마음먹었던 그 첫 마음으로 오늘 하루를 시작할 수 있다면 당신은 이미 성공의 문턱에 들어서 있다고 말할 수 있다.

1월 1일 아침에 찬물로 세수하면서 먹은 마음으로 1년을 산다면…….

학교에 입학하여 새 책을 앞에 놓고 하루 일과표를 짜던 영롱한 마음으로 공부를 한다면…….

사랑하는 사이가 처음 만나던 날의 떨림으로 내내 계속된다면…….

첫 출근하는 날 신발 끈을 매면서 먹은 마음으로 직장 일을 한다면…….

아팠다가 병이 나은 날의 상쾌한 공기 속의 감사한 마음으로 몸을 돌아본다면…….

개업 날의 첫 마음으로 손님을 언제고 돈이 적으나, 밤이 늦으나 기쁨으로 맞는다면…….

세례 성사를 받던 날의 빈 마음으로 눈물을 글썽이며 교회에 다닌다면…….

여행을 떠나던 날 차표를 끊던 가슴 뜀이 식지 않는다면…….

당신은 그때가 언제이든지 늘 첫 마음이기 때문에 바다로 향하는 냇물처럼 날마다가 새로우며, 깊어지며, 넓어진다.

사람에게 있어 모든 것은 마음에 있고 그 마음에서 모든 것이 이루어진다고 한다.

어느 병원에서 두 사람의 차트가 바뀌어 중증의 환자는 가벼운 치료만 받고도 병이 나았지만 별것 아닌 환자는 중증의 통보를 받고 걱정과 근심 속에서 자신감을 잃고 방황하다 곧 중증환자가 되어 버렸다고 한다. 이 사례는 곧 생각하는 바가 바로 현실이 될 수 있다는 것이다.

따라서 인생을 살아가는 데 있어 목표를 세우고 긍정적인 마음으로 도전하고 추구해 나간다면 그 목표는 반드시 이루어질 수 있다는 것이다.

한 가지 예를 살펴보자.

2004년 칸 광고제 금상을 받은 작품에는 매우 앙증맞은 두 마리의 벌레가 나온다. 첫 화면은 아빠와 아기 벌레가 차나무 줄기를 열심히 오르는 장면으로 시작된다. 꿈틀꿈틀 오르다 못해 지친 아기벌레는 배고픔을 호소하며 가까이에 있는 찻잎을 먹겠다고 아빠를 조른다.

그러나 아빠벌레는 그건 맛이 없으니 가지 맨 꼭대기의 가장 맛있는 찻잎을 먹겠다는 자신들의 목표를 되새겨주며 "가장 맛있는 잎을 위해 맨 꼭대기로!"를 외친다.

그렇게 맨 꼭대기를 향해 열심히 오르고 난 마지막 가지 끝, 허망하게도 제일 맛있다는 여린 잎은 이미 농부의 손끝에 따 쥐어져 있다.

울음을 터뜨리던 아기벌레는 농부에게 "그건 내꺼!"라고 최면을 건다.

그러나 아기벌레의 최면에 걸릴 뻔한 농부는 움찔 하다가 다시 작업을 시작하면서 엄선된 잎으로만 만든다는 그린티 광고 멘트로 광고는 끝이 난다.

벌레들이 아무 잎이나 먹지 않기로 다짐했을 때부터 그들의 목표는 이미 고매해지기 시작했다.

다원의 그 많은 차나무의 무수히 자란 잎을 제치고 가장 꼭대기의 찻잎을 고집하는 농부의 목표 역시도 고매하다.

우리의 삶을 여정이라고 많이들 표현한다. 그 길이 고되고 아니고는 목표의 수립이 선행될 때 판가름 날 수 있을 것이다. 언제나 손에 닿을 수 있는 여러 것들 가운데서도 이 삶이 왜 나에게 주어졌는가에 대한 본질적인 감사와 고민이 있는 사람에게는 자신의 인생에 대한 보다 고매한 목표를 세울 수 있으리라 생각된다.

새해의 시작에 당신의 목표는 얼마나 고매한 것으로 설정이 되어 있는가?

손을 뻗쳐 모자란다면 발까지 들어 올릴 수 있어야 한다. 맨 꼭대기의 맛있는 찻잎을 마음껏 취할 수 있도록 끈기와 인내를 가지고 더 멋진 도전의 시간이 되도록 하자.

잘 산다는 것

우리는 살아가면서 잘 살기 위해 많은 노력을 한다.

잘 산다는 것은 과연 어떻게 사는 것일까? 돈을 많이 벌고, 지위가 높아지고 성공을 해서, 좋은 사람 만나서 행복하게 사는 것이 잘 사는 것일까?

우리는 하루하루 살아가면서 이에 대한 해답을 찾기 위해 아니면 무의식적으로 잘 살기 위해 노력하면서 살아가고 있다.

과연 해답은 있는 걸까?

거리를 거닐 때 지나가는 사람들의 얼굴을 새삼스레 다시 한 번 쳐다본다. 과연 저 사람은 잘 살고 있는 것인지.

그런데 그러한 문제에 대한 답을 떠나서 사람들이 표정이 없다는 것에 놀라게 된다. 심각하거나, 무표정하거나. 어쨌거나 사람들의 얼굴에 웃음이 없다는 것에 다시 한 번 놀라게 된다.

아무리 세상이 각박하다고 해서 웃음을 잃어버린다는 것은 인간의 특권인 웃을 수 있는 특권을 포기하는 것이다.

우리는 추억을 반추하며 살아간다. 가장 많이 떠오르는 추억은 아름다운 추억도 있지만 어쩌면 가장 어려웠던 시절의 힘들었던 기억이 아닌가 싶다.

사실 아무리 어려웠고 괴롭던 일들도 몇 년이 지난 후에 돌이켜 보면 그 기억들이 자신에게 큰 삶의 교훈이 되고 또 어리석었던 점을 반성하면서 나 자신을 돌아보는 계기가 되기도 하는 것이다.

세상의 모든 것은 강물이 흐르듯이 다 흘러가게 마련이다. 고통도, 좌절도, 실패도, 적대감도, 분노도, 노여움도, 불만도, 가난도……. 웃으면서 돌아보면 다 나에게는 소중한 인생의 한 페이지가 된다.

그래서 웃고 사는 한 결코 불행해지지 않는다.

백 번의 고민보다는 한 번의 웃음이 그 인생을 복되게 한다.

연약한 사람에게는 항상 고통과 슬픔이 뒤따르고, 행복한 사람에게는 언제나 즐거운 웃음이 있다.

더 잘 웃는 것이 더 잘사는 길이다. 이렇게 밝은 마음을 가지고 낙관적으로 살면 밝은 기운이 밀려와 우리의 삶을 밝게 해 준다.

밝은 삶과 어두운 삶은 자신의 마음이 밝은가 어두운가에 달려있다. 결국 잘 산다는 것은 자신의 마음에 있다는 것이다.

몇 번의 실패로 자신을 탓하지 말라. 능력이 없다 느껴지는 자신을 탓하지 말라. 신은 실패하는 자는 용서해도 포기하는 자는 용서하지 않는다고 했다. 시도하지 않는 자신을, 한두 번 시도해서 실패라 여기며 포기하기보다는 용기 있게 두려움을 떨치고 일어나 끝내 원하는 것을 이루어낼 집요함이 없는, 그런 자신을 탓해야 한다.

자신감을 가지는 것, 그것 역시 잘 사는 것 중 하나의 요건이다. 자신감 역시 자신의 마음속에 있고 스스로 만들어 가는 것이다.

2차 대전 때 나치스에 의해 아우슈비츠에 한 젊은 유대인이 수용되었다.

그는 가스실과 실험실을 향해 죽음의 행진을 하고 있는 같은 유대인들의 행렬을 보면서 머잖아 자신도 가스실로 갈 것이라는 것을 알고 있었다.

어느 날 강제노역을 하면서 발견한 유리조각을 몰래 숨겨가지고 돌아왔다.

그리고 그날부터 그는 매일 그 유리조각을 날카롭게 깨서 면도를 했다.

주변 사람들이 차츰 희망을 버리고 죽음을 기다리면서 죽음에 떠는 동안 그는 독백하듯 이렇게 중얼거렸다.

"희망을 버리지 않으면 언젠가는 좋은 날이 올 것이다."

그는 죽음의 극한 상황 속에서 아침과 저녁 두 차례씩 면도를 했다.

오후가 되면 나치스 군인들이 막사 문을 밀치고 들어와 일렬로 선 유대인들 중에서 그날 처형자를 골라 데리고 나갔다.

하지만 유리조각으로 피가 날 정도로 파랗게 면도를 한 그는 차마 가스실로 가는 대상으로 차출하지 못했다. 왜냐하면 그는 잘 면도된 파란 턱 때문에 삶의 의지가 넘치고 아주 쓸모 있는 사람이라는 인상을 주었으며, 그를 죽이는 것은 아직 이르다고 생각하게 만들었던 것이다.

많은 유대인들이 가스실로 보내질 때마다 그는 자신의 비망록에 이렇게 썼다.

"고통 속에서 죽음을 택하는 것은 가장 쉽고 나태한 방법이다. 죽음은 그리 서두를 것이 못 된다. 희망을 버리지 않는 사람은 반드시 구원을 받는다."

그는 자신감을 가지고 희망을 가지고 지옥 같은 생활 속에서도 살아남았다.

그 역시 그 환경 속에서 잘 산다는 것이 무엇인가를 알고 실천한 사람이다.

잘 산다는 것, 그것은 여유롭게 행복한 환경 속에서 더 나은 미래를 추구하는 것이 결코 아니다. 주어진 여건 속에서 얼마나 자신감을 가지고 그 환경을 내 것으로 만드는가이다.

또 하나는 비우는 것이다.

법정스님의 《살아있는 것은 다 행복하라》라는 글 중에 이런 구절이 있다.

빗방울이 연잎에 고이면 연잎은 한동안 물방울의 유동으로 일렁이다가 어느만큼 고이면 수정처럼 투명한 물을 미련 없이 쏟아버린다.

그 물이 아래 연잎에 떨어지면 거기에서 또 일렁이다가 도르르 연못으로 비워 버린다. 이런 광경을 무심히 지켜보면서 "연잎은 자신이 감당할 만한 무게만을 싣고 있다가 그 이상이 되면 비워 버리는구나." 하고 그 지혜에 감탄했었다.

그렇지 않고 욕심대로 받아들이면 마침내 잎이 찢기거나 줄기가 꺾이고 말 것이다.

세상사는 이치도 이와 마찬가지다.

우리는 보다 많은 것을 가지려하고, 또 남에게 상처를 주거나 상처를 받을 때 쉽게 그것을 내려놓지 못한다.

우선 당신에게 상처를 준 사람을 당신의 마음에서 놓아주라. 그 상처를 더 이상 붙들지 말라.

상처를 준 사람을 어떻게 놓아줄 수 있는가. 용서하라. 그것만이 그들을 놓아주는 유일한 방법이다.

그들이 용서를 구할 때까지 기다리지 말라. 왜냐하면 그것은 그들보다 나 자신을 위한 것이기 때문이다.

보통 우리는 인간이나 동물에게만 감정이 있는 것으로 알고 있는데 식물에게도 감정이 있어서 항상 칭찬하고 귀여워하면 식물이 자라는 데 있어 건강하고 그 속도도 빠르다고 한다. 그러나 욕을 하고 미워하면 잘 자라지 않거나 시들어 버린다고 한다.

심지어 무생물에도 이러한 감정이 전이가 되어 물을 놓고 실험을 했는데 좋은 이야기만 해주고 칭찬을 한 물에서는 물이끼가 끼지 않고 오랫동안 그 신선함을 유지했다고 한다. 그래서 어떤 사람이 빵을 가지고 실험을 해봤는데 역시 좋은 이야기를 들려주고 관심을 가진 빵의 부패 속도가 느렸다고 한다.

우리가 남을 욕하거나 비난할 때 가장 가까이서 듣는 사람은 상대방이 아니고 바로 나이고 그렇기 때문에 그 독성 물질이 나에게 가장 많이 영향을 끼치게 된다. 쉬운 예로 운전을 할 때 운전을 난폭하게 하는 운전자에게 욕을 하면 그 욕이 창문에 가려진 그 사람에게 들리겠는가? 고스란히 나만, 혹은 동승자하고만 그 욕을 듣게 되고 그 독성물질은 나에게 가장 큰 영향을 미친다.

세상에서 가장 좋은 이상적인 섬이 존재한다고 한다. 그 섬의 이름은 '그래도'라는 섬이라고 한다. 만약에 난폭운전으로 놀랐을 때 욕 대신에 '그래도' 사고는 안 났지 않은가, 큰 사고로 다쳤을 때도 '그래도' 이만큼밖에 다치지 않아서 다행이라고 생각하면 된다.

판도라의 상자 속 마지막 남은 그 희망이라는 단어처럼 우리에게는 '그래도'라는 희망의 섬이 있다는 것을 항상 마음속에 간직하자.

그리고 과연 내가 기나긴 인생여정을 살아가면서 잘 산다는 것이 무엇일까를 항상 고민해보자. 그리고 내 스스로 그 답을 찾아보자.

지친 내 삶을 힐링하는 것들
― 사랑 그리고……

보이지 않아도 볼 수 있는 것은 사랑이라고 한다.

이 아침 분주히 하루를 여는 사람들과 초록으로 무성한 나무의 싱그러움 속에 잠깨는 작은 새들의 문안인사가 사랑스럽기 그지없다.

희망을 그린 하루가 소박한 행복으로 채워질 것들을 예감하면서 하루를 축복하자.

나만 힘들다고 생각하면, 나만 불행하다고 생각하면 우리는 그만큼 작아지고 가슴에 담을 수 있는 이야기와 행복 또한 초라한 누더기를 입고 선 추운 겨울벌판 같을 것이다.

하루는 자신을 위하여 불평을 거두고 마음을 다스려 사랑과 희망의 시선으로 나와 세상을 바라보자.

긍정적인 사고를 갖고 환경에 굴함 없이 간직한 꿈을 향하여 부단히 노력하는 사람만이 앞으로 나아갈 수 있다.

때때로 향하는 길에서 지쳐 멈춰서기도 하겠지만, 그 길이 올바른 길이라면 결코 물러서지 않는 의지로 또다시 걸음을 떼어놓을 수 있는 용기를 내는 사람이 되어야 한다.

가슴에 간직하고 있는 따뜻한 사랑의 불씨를 끄지 않는 한 닥친 역경과 시련마저도 그 불꽃을 강하게 피우는 마른 장작에 불과하다는 것을 우리 모두는 이미 알고 있다.

사랑은 우리 마음속에 있는 영원한 희망이요, 힐링이다.

셰익스피어는 사랑을 이렇게 노래했다.

어떤 허물 때문에 나를 버린다고 하시면
나는 그 허물을 더 과장하여 말하리라

나를 절름발이라고 하시면
나는 곧 다리를 더 절으리라
그대의 말에 구태여 변명 아니하며

그대의 뜻이라면
지금까지 그대와의 모든 관계를 청산하고
서로 모르는 사이처럼 보이게 하리라

그대가 가는 곳에는 아니 가리라
내 입에 그대의 이름을 담지 않으리라
불경한 내가 혹시 구면이라 아는 체하여
그대의 이름에 누를 끼치지 않도록

그리고 그대를 위해서 나는 나 자신과 대적하여 싸우리라

그대가 미워하는 사람을 나 또한 사랑할 수 없으므로

이렇듯 사랑이라는 불꽃으로 자신을 불태워, 사랑하는 사람을 위하는 뜨거운 열정도 그 사랑이라는 이름으로 우리 가슴에 품고 살아간다.

사랑은 또 그 위대함으로 다가온다. 내가 잘 되기를 바라는 마음에서 비롯된 오물이 욕망이라면, 남이 잘 되기를 바라는 마음에서 비롯된 연꽃이 사랑이다.

욕망은 인간의 범주에 머물러 세상을 몰락으로 인도하고 사랑은 하늘의 범주에 도달해 나를 구원으로 인도한다.

지친 삶을 힐링하는 또 하나는 마음을 비우고 나를 내려놓는 것이다.

《채근담》에 보면 '바람은 그 소리를 남기지 않는다'는 글이 있다.

바람이 대숲에 불어와도 바람이 지나가면 그 소리는 남기지 않는다.

기러기가 차가운 연못을 지나가도 기러기가 지나가고 나면 그 그림자를 남기지 않는다.

그러므로 군자는 일이 생기면 비로소 마음이 나타나고 일이 지나고 나면 마음도 따라서 비워진다.

삶들은 무엇이든 소유하기를 원한다.

그들의 눈을 즐겁게 해주는 것, 그들의 귀를 즐겁게 해 주는 것, 그리고 그들의 마음을 즐겁게 해주는 것이면 가리지 않고 자기 것으로 하기를 주저하지 않는다.

남의 것이기보다는 우리 것으로 그리고 우리 것이기보다는 내 것이기를 바란다.

나아가서는 내가 가진 것이 유일하기를 원한다.

그들은 인간이기 때문에 인간이기 위하여 소유하고 싶다고 거리낌 없이 말한다.

얼마나 맹목적인 욕구이며 맹목적인 소유인가?

보라, 모든 강물이 흘러 바다로 들어가 보이지 않듯이 사람들은 세월의 강물에 떠밀려 죽음이라는 바다로 들어가 보이지 않게 된다.

소유한다는 것은 머물러 있음을 의미한다.

모든 사물이 어느 한 사람만의 소유가 아니었을 때 그것은 살아 숨쉬며 이 사람 혹은 저 사람과도 대화한다.

모든 자연을 보라,

바람이 성긴 대숲에 불어와도 바람이 가고나면 그 소리를 남기지 않듯이 모든 자연은 그렇게 떠나며 보내며 산다.

하찮은 일에 너무 집착하지 말라.

지나간 일들에 가혹한 미련을 두지 말라.

그대를 스치고 지나는 것들을 반기고 그대를 찾아와 잠시 머무는 시간을 환영하라.

그리고 비워두라.

언제 다시 그대 가슴에 새로운 손님이 찾아들지 모르기 때문이다.

"크게 양보하면 크게 얻는다"

류시화 시인이 외국에서 만난 거지가 한 말이다.

이 말에서 느낄 수 있듯이 이미 내 손안에 있는 것들은 놓기가 쉽지 않다. 그것을 놓아야만 비로소 더 큰 것을 얻을 수 있는데도 늘 망설이게 된다.

포기란 단순히 포기가 아니라 더 큰 것, 더 나은 길로 가기 위해 감수하고 희생해야 할 부분이기도 하다. 역경이 기회이듯이 나의 작은 희생이 곧 성공의 기회가 되곤 한다. 크게 포기할 때 더 큰 것을 얻을 수 있는 것이다.

삶에서 만약 항상 마음먹은 대로 되고 행복하다면 인간은 생각하지 않을 것이다.

인생에서 만나는 모든 역경은 음식의 소금과 같이, 인생의 맛을 내는 삶의 한 부분으로, 나를 돌아보는 성찰의 기회를 제공하고 성찰의 기회는 인생에 대한 겸손과 배움의 기회를 제공하여 나를 성장하게 한다.

설사 잘못된 선택으로 고난과 역경이 오더라도 경험한 것들 중에 소중한 것을 정리해 놓아야 한다.

우리의 존재란 어쩌면 매 순간을 선택하고, 그 선택의 결과로 삶을 사는 것이다. 할 수 있는 한, 사랑과 긍정적인 태도와 자세로 순간순간을 살아가자. 그러면 지친 내 삶은 절로 힐링될 것이다.

제3부

내 꿈은 남도 행복하게 만든다

내 꿈은
남도 행복하게 만든다

우리는 항상 꿈을 꾸며 살아왔다.

어렸을 때 "네 꿈이 뭐니?"라고 물으면 나는 대통령, 나는 경찰, 나는 의사, 나는 소방관, 나는 군인 등 여러 가지 하고 싶은 것들을 말했던 기억이 난다.

커가면서 돈 많이 버는 사업가, 공무원 등 현실적으로 변해가긴 했지만 여러분도 그 꿈을 이야기하는 것만으로도 주변 사람들이 행복해하던 기억이 날 것이다.

부귀와 명성, 행복은 우리 모두가 바라는 것들이다.

그러나 사람마다 다 가치관이 다르기 때문에 이 모든 것들을 마다하고 산 속에 들어가 유유자적하는 꿈을 꾸고 실제로 그렇게 생활하면서 자신의 꿈을 이루었다고 하는 사람들도 있다. 어느 것을 우선에 놓느냐에 따라서 그 꿈은 달라질 것이다.

소박한 꿈이든 크고 대단한 꿈이든 그것을 이루어가는 과정이 행복하고 그것을 이룬 다음의 성취감과 만족도가 높아진다면 성공한 것이 아닐까 생각한다.

그런데 많은 사람들이 나에게는 꿈이 없다. 꿈을 꿀 수 있는 현실이 되지 않는다. 하루하루 살아가기 바쁜데 무슨 꿈이 있겠느냐는 자조 섞인 말을 하는 사람들이 의외로 많이 있다. 인생에서 달성해야 할 꿈을 가지고 날마다 그 목표를 향해 희망을 가지고 도전하며 적극적으로 살아가는 사람이 많지 않다는 것이다. 그저 힘든 삶에 치여 자신이 어디로 가는지도 모르면서 하루하루 살아가는 안타까운 사람이 많다는 것이다.

왜 꿈이 없는가를 살펴보면 그것은 결국 자기 자신만을 생각하기 때문이다.

자기 자신만을 생각하면 분리 불안 감정이 생기고 자기 방어적인 본능이 작동하면서 꿈을 꾸기에 좋은 상태가 부정적인 사고와 부정적인 이미지, 부정적인 감정이 생기면서 꿈꾸고 싶은 마음이 사라진다고 한다.

따라서 자기 자신만을 생각하는 사람은 절대로 꿈을 가질 수 없다.

니시다 후미오는 멋진 꿈, 훌륭한 목표를 가지고 싶은 사람은 다음과 같은 원칙을 실행해 보라고 했다.

· 연인을 생각하면 두 사람의 꿈이 생긴다.
· 배우자를 생각하면 부부의 꿈이 생긴다.
· 부모를 생각하면 부모를 행복하게 할 꿈이 생긴다.
· 가족을 생각하면 가족을 위한 꿈이 생긴다.

- 고객을 생각하면 고객을 기쁘게 할 꿈이 생긴다.
- 팀을 생각하면 팀의 목표달성이라는 꿈이 생긴다.
- 세상을 생각하면 더 나은 세상으로 만들려는 꿈이 생긴다.

결국 꿈을 가지는 비결은 나 이외의 누군가의 행복을 바라는 마음에 있다.

나 이외의 누구에게 기쁨과 행복을 주고 싶은가? 이 질문 속에 나의 꿈이 있다는 것이다. 즉, 나의 꿈은 다른 사람과의 관계 속에서 실현되는 것이다.

20세기 독일의 철학자이자 현상학자인 마르틴 하이데거는 자신에게 편한 것을 찾는 태도에서 인간행동의 우선순위가 정해진다고 말했다.

인간에게 있는 특별한 가능성은 세상으로부터 도망치려는 태도이며 조심하지 않으면 자신도 모르는 사이에 이런 태도의 노예가 되어 스스로 구덩이 속으로 들어가 다시는 빠져 나오지 못하게 된다고 한다. 이렇게 되면 스스로 꿈을 포기하고 결국은 꿈을 꾸지 않게 된다.

이러한 삶의 방식과는 반대로 꿈을 꾸기 위해서는 적극적으로 자신의 책임을 다하여 주도적으로 삶을 살아야 한다. 따라서 인간은 세상 속에 존재하는 자기 자신과 관계를 맺어야 하며, 꿈을 이루기 위해서는 더 많은 짐을 지어야 한다는 것이다.

남극과 북극 그리고 에베레스트산을 정복한 노르웨이의 엘링 카게는 타인에 대해서뿐만 아니라 심지어 자신에 대해서도 너무 많은 책임을 지지 말라는 안일함과 싸워왔다고 했다.

여전히 그의 내면에는 쉬운 쪽을 택하라고 속삭이는 작은 목소리가 존재한다고 한다.

우리는 이 작은 목소리가 나의 내면에 얼마만큼의 영향력을 발휘하고 있는지 잘 봐야 할 것이다. 나도 모르는 사이에 쉬운 쪽을 택하고 있다면, 나는 이미 그 작은 목소리에 점령당한 것이다.

진정한 자유를 누리고 우연과 요행이 지배하는 삶에서 벗어나기 위해서는 책임과 통제를 통해서 책임 있는 삶을 선택하고 감당해야 만이 내가 꾸는 꿈에 한 발짝 더 다가설 수 있는 것이다.

"생각만 간절히 할 것이 아니라 희망을 갖고 삶을 시작하라."

에밀리 반스의 이 말처럼 행동이 따라주지 않는 소망은 자칫 뜬구름 잡기로 끝날 수가 있다. 물론 소망하고 상상한다고 해서 나쁠 것은 없다. 그것은 때로 즐거움을 주고 기대를 갖게 하기 때문이다.

그러나 보다 확실한 희망을 주고 좋은 결과를 가져오는 것은 행동이다. 꿈을 가졌으면 그 꿈을 반드시 이루겠다는 마음으로 행동을 해야 할 것이다.

정치가이자 발명가이며, 100달러 지폐에도 그 얼굴이 새겨져있는 벤저민 프랭클린은 미국인들이 가장 성공한 사람으로 꼽는 인물 중 하나이다.

그는 1706년 비누공장 노동자의 17남매 중 11번째 아들로 태어나, 지독한 가난으로 1년 만에 학교를 중퇴하고, 독학으로 프랑스어, 이태리

어, 스페인어, 라틴어를 익혔고, 22세에 〈펜실베이니아 가제트〉란 신문사를 차려 부와 명성을 쌓은 뒤 도서관, 대학, 병원 등을 설립해 나눔을 실천했다.

벤저민 프랭클린은 자신의 인생을 뒤돌아보면서, 꿈을 이루게 한 요체는 학습능력과 절제능력이라고 말했다. 그는 하루하루의 시간에 모든 것을 걸고 지키려 노력했는데, 하루를 아침, 낮, 저녁, 밤으로 4등분하여 철저히 계획하고 끊임없이 자신을 채찍질하면서 자기와의 싸움을 죽을 때까지 계속했다.

프랭클린은 굳어진 성질이나 습관은 때때로 이성을 앞지르곤 하는데, 어떠한 상황에서든 극단으로 가는 것을 경계해야 한다고 경고했다. 또 인생의 비극은 우리가 강점을 갖고 있지 않다는 데 있지 않고 오히려 갖고 있는 강점을 충분히 활용하지 못하는 데 있다고 했다.

진정으로 꿈을 이루기 위해서는 기본원칙을 지속적으로 적용한 하루 성공의 자연스러운 결과가 있어야 하며, 거기에 더해 절제되고 겸허한 자세와 태도가 준비되었을 때 내면의 훌륭한 면모도 가꾸어져 행복한 인생을 살게 된다는 것이다. 즉, 오늘 하루가 인생을 좌우하는 기준이라고 할 수 있다.

"20대에는 의지가 지배하고, 30대에는 지혜가 지배하며, 40대 이후에는 판단력이 지배한다."

이 말처럼 누구나 노력하면 이룰 수 없는 것이 없으며 도달하지 못할 곳이 없다.

결국 꿈을 이루는 것은 내 안의 사고와 행동의 게으름을 이겨내는 나의 능력과 노력이며, 모든 것의 시작과 성공은 하루를 이겨내는 내 안의 의지라는 것이다.

따라서 자기와의 싸움에서 하루를 승리하면 꿈을 이룰 수 있다.

그러나 그 꿈을 이루었다 해도 내 힘과 능력으로 이 자리까지 왔다고 생각하면 큰 오산이다. 나의 지금을 가만히 들여다보면 나를 받쳐 준 과거가 있다. 나의 살가운 이들의 든든한 성원과 응원에 힘입어 내가 있는 것이다. 그 꿈을 이뤄가는 과정 모두모두를 같이 나누며 작은 성취에도 박수를 보냈다. 그들은 나의 성공을 함께 즐거워하고 함께 행복해했다.

꿈을 꾸어라! 그리고 성취하라! 그러면 모두가 행복할 것이다.

내 스스로 빚는
작은 행복덩어리

'나는 행복합니다.'라는 노래가 있다.

"나는 행복합니다. 나는 행복합니다. 정말 정말 행복합니다."

그런데 "여러분 행복하십니까?"라고 물어보면 열에 아홉은 "글쎄요."라고 대답한다.

과연 행복은 멀리 있는 것일까?

고요하게 흐르는 물줄기처럼 마음속에도 천천히 부드럽게 흘러가는 편안함이 있다면 바로 그것이 행복이다. 행복은 누구나 말을 하듯이 멀리 있는 게 아니다. 가까이, 아주 가까이 내가 미처 깨닫지 못하는 속에 존재하는 것이다.

우리 모두는 행복하기 위해 살아가고 있다.

그러나 행복보다는 불행하다고 여겨질 때도 많다.

또한 남들은 행복한 것 같지만 나만 불행하게 느껴질 때도 많다.

그러나 사람은 똑 같다. 어느 정도의 차이는 있겠지만 누구나가 행복을 추구하고 누구나 행복을 바라면서 언제나 행복을 찾고 있다.

여기서 사람들이 모르는 게 한 가지 있다. 그것은 욕심을 버리지 못함으로 행복을 얻지 못한다는 사실이다. 내가 좀 더 주면 될 것을, 내가 조금 손해 보면 될 것을, 내가 좀 더 기다리면 될 것을, 내가 조금 더 움직이면 될 것을 말이다.

사람의 욕심은 끝이 없기에 주기보다는 받기를 바라고 손해보다는 이익을 바라며, 노력하기보다는 행운을 바라고 기다리기보다는 한순간에 얻어 지길 바란다. 그렇기에 늘 행복하면서도 행복하다는 것을 잊고 살 때가 많다. 굳이 행복을 찾지 않아도 이미 행복이 자기 속에 있는 걸 발견하지 못하는 것이다.

오늘 잠시 시간을 내어 내 자신을 들여다보라. 과연 어떤 마음을 품고 있는지, 잘못된 행복을 바라고 있지는 않은지…….

그렇다면 이제부터라도 작은 행복부터 만들어 가고 소중히 여길 줄 아는 지혜로운 사람이 되었으면 좋겠다.

존 맥스웰은 말했다.

"나는 성공한 비결이 뭐냐는 질문을 종종 받는다. 내 대답은 의외로 간단하다. 나는 내가 하는 일을 정말로 좋아한다. 아무런 대가를 받지 않아도 즐겁게 일할 수 있을 정도로 당신이 정말로 하고 싶은 일을 찾아라. 그 후엔 당신에게 즐거운 마음으로 대가를 지불하고 싶을 만큼 그 일을 잘해내라."

발명가 토마스 에디슨도 말했다.

"나는 평생 단 하루도 일하지 않았다. 재미있게 놀았다."

철학자 러셀은 또 이런 말을 했다.

"행복하다는 사람들을 자세히 살펴보면 공통적으로 지닌 것이 있다. 그 중 가장 중요한 것은 그들이 하는 일이다. 일은 그 자체로도 즐거울 뿐 아니라 그것이 쌓여 점차 우리 존재를 완성하는 기쁨의 근원이 된다."

그들은 일 속에서 행복을 찾았다.

이와 같이 행복은 거창한 것도 아니고, 공식이 있는 것도 아니며, 자신의 주변에서 얼마든지 찾을 수 있고, 우리 주변에 항상 대기하고 있다.

그러나 또한 마찬가지로 우리 주변에는 항상 걱정과 근심이 존재하기도 한다.

걱정과 근심이 많으면 곁에 있는 행복이 잘 보이지 않게 된다.

그래서 아더 팽크라는 영국의 실업가는 염려에서 벗어나기 위해 매주 수요일을 '염려의 날'로 정하고 걱정거리가 생길 때마다 걱정하다가 생긴 날짜와 내용을 적어 상자에 넣어두었다.

그런데 어느 수요일 날, 그는 상자 속의 메모지를 살펴보다가 문득 이런 사실을 깨닫게 되었다. 상자에 넣을 당시만 해도 큰 문젯거리였던 걱정과 염려가 다시 읽어보니 별로 큰 문제가 아니라는 사실이라는 것이다. 이 상자를 계속 활용하면서 그가 깨닫게 된 것은, 사람이 살면서 크게 고민하며 염려할 일이 별로 없다는 것이었다.

잠시 숨을 고르고 한 템포 늦추는 것도 살아가는 데 있어 큰 도움이 된다는 말이 되겠다.

생각의 틀을 깨뜨리고 객관적인 입장에서, 제3자의 입장에서 보는 것도 세상을 살아가면서 우리가 행복해지는 하나의 조건이라고 하겠다.

자, 이제는 내 스스로 행복의 덩어리를 빚어보자. 행복은 돈으로 살수도, 누가 주는 것도 아닌 내 자신이 만드는 것이다. 생각의 틀을 깨고, 작은 것에 감사하고, 긍정적인 삶을 살다보면 행복은 항상 우리 곁에 있을 것이다.

"행복을 두 손안에 꽉 잡고 있을 때는 그 행복이 항상 작아 보이지만 그것을 풀어 준 후에는 비로소 그 행복이 얼마나 크고 귀중했는지 알 수 있다."

– 막심 고리끼

어제의 자신과
경쟁하라

힘의 가장 큰 물줄기 중의 하나는 바로 배움에 있다.

배움과 활용에 관련, 그 정신적 자세에 대한 이야기가 장자의 '달생편'에 실려 있다.

안연이 어느 날 배를 타고 강을 건너게 되었다.

그 배의 사공이 노를 젓는데 몸놀림이 가히 신의 경지에 달한 듯 보였다.

안연이 물었다.

"배 젓는 법을 배울 수 있겠는가?"

사공이 대답했다.

"물론입니다. 수영을 잘하는 사람은 몇 번 저어 보면 금방 배웁니다. 잠수에 능한 사람은 배 같은 것을 본 적이 없더라도 금방 저을 수 있습니다."

안연은 그 이유가 납득되지 않아 스승인 공자에게 물었다.

공자가 대답했다.

"수영을 잘 하는 사람이 배를 잘 저을 수 있는 이유는 물을 의식하지 않

기 때문이다. 물에 빠지는 것을 두려워하지 않기 때문에 오로지 배 젓는 일에만 전념하게 된다. 잠수를 할 수 있으면 배가 뒤집히더라도 결코 당황하지 않는다. 그런 사람에게는 못이 언덕과 같다. 배가 엎어져도 마치 수레가 뒤로 물러나는 것처럼 여길 뿐이다. 엎어져도, 뒤로 물러나 온갖 위험에 닥쳐도 그것들이 마음을 어지럽히지 않는다. 그러니 마음의 여유가 있는 것이다"

이 이야기는 배우는 사람의 정신적 태도가 배움의 과정과 기량의 활용에 얼마나 중요한지를 잘 보여 주고 있다.

도와줄 사람도 별로 없고, 어떻게 해야 하는지도 잘 모를 경우 스스로 실수를 전제로 한 여러 가지 '기업가적 모색과 실험'을 시도해 볼 수 있다. 이때 우리는 실험정신이라는 정신적 유연성을 잃어서는 안 된다.

수영과 잠수의 능력이 배를 잘 저을 수 있도록 훌륭한 정신적 토양을 제공하듯이 실험과 모색을 즐기는 정신적 유연성이 배움의 성과를 극대화한다. 바로 이 자세가 우리로 하여금 단지 한 분야의 기술자를 넘어 배움의 범용성을 터득하도록 도와준다. 즉, 기술을 넘어 자신을 믿는 자신감으로 확장되고, 두려워하지 않고 새로운 시도를 할 수 있도록 해준다. 이윽고 배움의 본질에 접근하게 되는 것이다.

때로는 경험이 많은 선배 전문가로부터 배우고, 때로는 홀로 실패에 대한 두려움을 안은 채 새로운 방법을 모색해보는 이 두 가지 접근법이 상호 보완적으로 한 사람을 전문가로, 전문적인 비즈니스 리더로 만들어가는 기본 방향인 것이다.

기다리지 말고 뛰어나가라

당신에게 무슨 일이 '생기길' 기다리지 말고 뛰어나가 일을 저지르십시오.
최상의 삶, 당신이 가슴 깊은 곳에서부터 강렬히 원하는 삶은 오직 당신의
'선택', '확신' 그리고 '행동'에 의해서만 현실화됩니다.
당신이 처해 있는 현재의 상황이 아무리 힘들어도, 당신은 매일매일 당신
이 가진 꿈을 조금이라도 키워줄 수 있는 선택을 할 수 있습니다.

                        - 스튜어트 에이버리 골드의 《열망하고, 움켜잡고, 유영하라!》 중에서 -

움직이지 않으면 이르지 못한다.
씨를 뿌리지 않으면 거두지 못한다.
선택하고 행동해야 목표에 도달할 수 있다. 더 누워 있느냐, 일어나
걸어가느냐, 힘차게 뛰어가느냐. 이 모든 것은 자기 선택에 달려 있다.
여러분! 기다리지 말고 뛰어 나가라.

고진감래 그리고
진정한 친구

살다보면 누구나 예측하지 못한 어려움으로 인해 좌절을 경험하게 된다.

그러나 이러한 어려움으로 인해 우리는 발전한다.

지금 감당하기 어려운 일에 부딪혀 있는 사람은 그 어려움이 나에게 다가온 축복이자 숙제라고 생각하면 마음이 한결 편해질 것이다. 어려움 속에서 지혜를 얻지 못하고 불평불만만 하다가 생을 마감한다면 이 세상에 와서 괜한 헛고생만 하는 꼴이 된다.

사람을 제일 무력하게 만드는 것은 공포와 두려움, 절망이다.

그러나 아무리 어렵더라도 두려움이나 절망감에 자신을 던져서는 안 된다. 그것은 바로 죽음 속에 자기 자신을 던지는 것이나 다름없다.

어려울 때 필요한 것은 바로 용기와 뜨거운 가슴이다. 뜨거운 가슴과 용기로 자신이 바라는 바를 지향해 나간다면 무엇이든지 반드시 이루어 낼 수 있다. 괴로운 시기가 길면 길수록 성공은 가까워지고 있는 것이다.

그런데 성공을 눈앞에 두고 중도에서 포기하는 사람이 많다. 이것은 바로 이름도 모르는 사람들에게 승리를 넘겨주고 마는 것이다.

어려울 때는 주변에 진정한 친구나 사랑하는 사람이 건네는 한마디가 커다란 도움이 될 수 있다.

"잘 지내고 있는가?"

따뜻하게 물어오는 친구의 한마디 전화는 심란했던 마음에 커다란 기쁨 주머니를 달아주는 말이다.

"고마워."

가만히 어깨를 감싸면서 던지는 따뜻한 말 한마디는 가슴 저 깊이 가라앉는 설움까지도 말갛게 씻어주는 샘물과도 같은 말이다.

"수고했어."

등을 툭툭 치면서 격려해주는 친구의 위로 한마디는 그냥 좋아서 돌아서서 씨익~ 미소 짓게 하는 신나는 말이다.

"최고야!"

얼굴 한가득 미소를 머금고 두 팔을 활짝 벌리며 말하는 그 말 한마디는 세상을 다 얻은 듯한 가슴 뿌듯한 말이다.

"사랑해."

귓가에 속삭여주는 달콤한 사랑의 말 한마디는 고장 난 눈물샘에서 하염없이 눈물이 나게 하는 감미로운 음악과도 같은 말이다. 어렵지도 않고 쉽게 할 수 있는 듣기 좋고 위로가 되는 말들이다.

여러분도 힘들어 하는 친구에게 따뜻한 마음이 담긴 말 한마디를 선사해 보라. 친구의 어깨가 다시 펴지는 모습을 보게 될 것이다.

친구를 통해 나를 발견하고 그동안의 말 못할 상처들로부터 해방되고, 나 또한 누군가에게 희망을 줄 수 있다는 뿌듯함. 비록 상처를 준 사람이 바로 당신일지라도 진실 된 마음으로 사과한다면 그 상처가 빨리 아물 수 있을 것이다.

진실함도 격이 있다. 겉으로만 나타나는 진실과 진심으로 마음으로부터 우러나오는 진실은 다를 수밖에 없다. 어쩌다 한 번 스치듯 보여주는 일시적인 진실함과 두 번, 세 번, 열 번이고, 백 번이고 계속되는 변함없는 진실함은 그 격이 다르다.

사람과 사람 사이의 관계와 치유의 효과도 당연히 달라질 수밖에 없다.

진정한 공감과 소통을 위해서는 보지 않고도 마음을 보고, 듣지 않고도 소리를 듣고, 손대지 않아도, 맛보지 않아도 상대방의 기쁨과 슬픔을 알고…….

좋은 친구, 진정한 친구를 얻는다는 것은, 커다란 행운이라고 말할 수 있다.

그러나 좋은 친구, 진정한 친구를 바라기 전에 내가 먼저 진정한 친구가 되는 것이 우선이다.

그릇

'계영배'라는 술잔이 있다. 이 계영배는 술잔의 7부까지만 채워야지 그 이상을 부으면 이미 부은 술마저도 사라져 버리는 신기한 술잔이다.

노자의 《도덕경》에도 이 계영배를 언급한 부분이 있다.
"어떤 그릇에 물을 채우려 할 때 지나치게 채우고자 하면 곧 넘쳐버리고 말 것이다. 모든 화나 불행은 스스로 만족함을 모르는 데서 비롯된다."
곧 돈도, 지위도, 명예도, 사랑도 그릇의 7부까지만 채우고, 그 이상은 절제하거나 양보하는 삶의 태도를 가지라는 말이다.

사람은 저마다의 그릇을 가지고 있다. 아무리 많은 돈이 있거나, 높은 지위를 가지고 있어도 자신의 그릇에 담지 못하면 그에 걸맞은 행동을 하지 못한다.
법정스님은 '무소유'를 이야기했는데 무소유란 아무것도 가지지 않는다는 것이 아니다. "궁색한 빈털터리가 되는 것이 아니다."라고 했다. 즉, 무소유란 '아무것도 가지지 않는 것이 아니라 불필요한 것을 갖지 않는다.'는 뜻이다. 다시 말해 자기 그릇에 맞는 만큼만 가지라는 것이고 쓸데없는 욕심을 부리지 말라는 말이다.

우리가 만족할 줄 모르고 마음이 불안하다면, 그것은 우리가 살고 있는 세상과 조화를 이루지 못하기 때문이다. 내 마음이 불안하고 늘 갈등상태에서 만족할 줄 모른다면, 그것은 내가 살고 있는 이 세상과 조화를 이루지 못하기 때문에 그런 것이다.

남이 나에게 친절하기를 바란다면 내가 먼저 따뜻한 마음으로 다가가야 한다. 속으로는 상대방을 멸시하면서 남에게 보이기 위해 겉치레로 어쩔 수 없이 하는 것은 바보가 아닌 이상 누구나 알 수 있기 때문이다.

이기적인 성격을 가진 사람은 자신의 잘못은 보지 않는다. 결코 남의 입장에 서서 생각을 하지 않는다. 그런 사람은 남의 부정이나 조그만 잘못이라도 보면 동네방네 소문내고 다닌다. 또 자신의 단점은 철저히 감추면서도 남의 일이라면 크게 확대해서 재미있게 말하는 사람도 있다. 이런 사람은 그 말을 듣던 사람으로부터 신뢰감을 얻어내지 못한다. '내가 없으면 내 말도 저렇게 하겠지.' 하는 생각이 들고, 저 사람의 그릇이 작다고 느끼기 때문이다.

남의 단점을 보듬어 주는 사람이 아름답다. 잘못을 하면 설득력 있게 대화로 유도하고 품어줄 줄 아는 사람이 참으로 큰 그릇을 가진 사람이다.

사랑도 마찬가지이다. 선한 일을 많이 행한 사람일수록 사랑을 받는 그릇이 크다. 따라서 큰 사랑을 할 수가 있다.

그러나 작은 그릇을 가진 사람은 큰 사랑을 주어도 받을 수가 없다. 그릇의 크기만큼만 받고 나머지는 그릇 밖으로 모두 흘려버리게 된다. 그리고는 그릇 속에 담겨 있는 만큼만 사랑이라고 생각하게 된다.

사람은 태어날 때 자신에게 주어진 그릇이 있다.

그러나 살아가면서 그 주어진 그릇을 크게 하는 방법이 있다.

옛날 조선조 성종 때 손순효라는 당대의 문장가가 있었는데 하도 술을 좋아하고 그 술 때문에 실수를 많이 했다.

그래서 임금은 은으로 만든 작은 술잔을 하사하면서 "앞으로는 이 잔으로 하루에 석 잔만 마시도록 하라."라고 어명을 내렸다.

그런데 하루는 성종이 손순효를 부를 일이 있어 불러보니 아니나 다를까 여전히 취해 있었다.

성종은 몹시 언짢아하면서 "하루 석 잔만 마시라고 했거늘 어찌된 일인가?" 하고 물었다.

그러자 손순효는 "하사하신 은잔으로 딱 석 잔만 마셨을 뿐입니다." 라고 말했다.

성종이 '그 작은 은잔으로 석 잔을 마시고 취할 사람이 아닌데.'라는 생각에 그 은잔을 가져와 보라 하였더니, 그 은잔은 성종이 하사한 은잔하고는 모양이 달랐다.

"어이된 일인고?" 하고 묻자, 손순효는 태연하게 대답했다.

"틀림없이 하사한 은잔이 맞사오나 은 공장 주인에게 부탁해 좀 크게 늘렸을 뿐입니다."

이에 성종은 껄껄 웃으면서 말했다.

"경은 내 소견이 그 은잔처럼 좁을 때가 있거든 이 잔을 기억해 두었다가 사발 잔처럼 크게 늘려주길 바라오."

결과적으로 성종은 그로 인해 자신의 그릇을 그만큼 키우게 된 것으로 볼 수가 있다.

손순효는 인위적인 방법으로 그릇을 크게 했지만 성종은 이를 보고 마음의 그릇을 키웠다.

사람에게는 맑거나 탁한 기운, 강하거나 약한 기운이 있는데 기운이 맑아야 그릇을 키울 수 있다.

기운을 맑게 하려면 먼저 다른 사람과 항상 좋은 관계를 가져야 한다. 그렇지 않고 다른 사람들과 척을 지게 되면 그 파장이 기운을 탁하게 한다.

따라서 주위에 아픈 사람이나 어려운 사람이 있을 때, 또 나와 적대적인 관계가 있는 사람에게는 내가 가진 기운을 나누어서 맑은 기운을 서로 소통해야 한다. 기운이 맑고 강해져서 서로 소통이 잘 되면 그릇이 절로 커지고 강해진다.

우물 안 개구리가 보는 하늘이 그들이 보듯이 동그란 것만이 아니듯, 우리가 보는 것 역시 세상의 모두가 아니다.

조금 더 마음을 열고 그리고 시야를 넓혀 우리 마음의 그릇을 키우자.

세상은 우리가 생각하는 것보다는 훨씬 크고 넓다는 것을 한 번 느껴보자.

긍정적인 마인드와 새로운 시각
··· 창의적인 사고로

무엇인가 새로운 일을 시작하거나, 혹은 새로운 곳을 가거나 할 때는 막연한 불안감에 그 일 자체를 시도하지 않거나 새로운 곳에 아예 가지 않으려고 하는 사람을 우리는 종종 볼 수 있다.

새로운 일을 시작하는 것이 두려운가?

자신의 내면과 일상을 바꾸는 것이 또한 두려운가?

하지만 길 떠날 준비를 서두르라.

그리고 당신의 인생에 또 하나의 아름다운 사진을 남겨보라. 첫 등교, 첫 데이트, 첫 경험······. 세상 모든 시작은 설렘과 두려움으로 시작된다.

우린 언제나 새로운 길 위에서 길을 잘못 들까봐 두렵고 시간이 더 걸릴까봐 조급하다.

하지만 우리들은 낯선 길을 헤매는 즐거움이 얼마나 큰 것인지도 잘 알고 있다.

그 속에서 우리는 생각이 넓어지고, 정신적으로 성숙해 간다.

낯선 길을 헤매는 것이 여행이다.

그러나 사실은 하루하루가 늘 그 첫 경험의 여행과 같다. 아침에 눈을 뜨면 설렘도 있고 두려움도 다가온다. 두려움보다는 설렘으로, 조급함보다는 여유롭게, 오늘의 첫 경험도 참 유익하고 즐거울 것이라는 믿음을 가지고 그날 하루의 여행길에 오르면 그 모든 것이 자신에게 큰 재산이 될 것이다.

갑자기 전깃불이 나갔을 때 촛불을 준비한 사람만이 불을 밝힐 수 있다.

새로운 도전과 변화에 두려움을 안고 있다면 아직 길 떠날 준비가 안 돼 있는 것이다. 지금이라도 서둘러 준비하라. 아직도 늦지 않았다. 늘 똑같은 일상에 변화를 주어보자. 그러면 새로운 시각을 갖는 데 도움이 될 것이다.

예컨대 슈퍼마켓에 갔다면 늘 가던 동선과 다른 길로 다녀보라. 신문을 볼 때에는 내 생각과 다른 논평이나 사설을 읽고, 이제까지와는 다른 스타일의 옷도 사 입어보고, 새로운 것을 먹어보는 것도 한 방법이다. 다시 말해 평소의 습관을 벗어나는 것이다. 그러면 생각하는 방법, 사물을 바라보는 방법, 삶에 대한 느낌이 넓어진다.

어느 날 두 나무꾼이 뿌리를 내린지 백 년이 넘은 나무를 자르고 있었다.

나무를 자르자 나이테가 보였다.

젊은 나무꾼은 다섯 개의 나이테가 거의 붙어 있는 것을 발견하고는 "5년 동안 가뭄이 들었던 모양입니다."라고 쉽게 결론을 내렸다.

나이테가 붙어있는 이유는 나무가 그만큼 자라지 않았기 때문이라는 사실을 알고 있었기 때문이다.

그렇지만 나이 많은 현명한 나무꾼은 젊은 나무꾼의 말에 동의하면서도 그와는 다른 관점 하나를 말하였다.

"가물었던 해는 실제로 그 나무의 생명에 가장 중요한 시기였네. 가뭄 때문에 그 나무는 땅 속으로 뿌리를 더 깊이 내려야 했겠지. 그래야 필요한 수분과 영양소를 얻을 수 있으니까. 그리고 가뭄이 사라지자, 나무는 튼튼해진 뿌리 덕분에 더 크고 더 빠르게 성장할 수 있었을 것이네."

똑 같은 상황이지만 서로의 보는 시각은 차이가 나고 다른 각도에서 다시 한 번 봄으로 해서 보다 현명한 판단을 내렸던 것이다.

새로운 시각이라는 것은 특별한 것이 아니다.

우리가 구름을 볼 때 단순히 그냥 흰 구름, 먹구름 등 보이는 대로 볼 수도 있지만 그 구름이 만들어내는 형상을 보면서 동물도 연상하고, 사람의 모습도 연상하는 것처럼 어떤 사물을 볼 때 다른 각도에서 다시 한 번 봄으로 해서 보다 다양한 생각을 할 수 있는 것이다.

창의적인 사고의 시작은 느낌에서 온다. '이것인 것 같다.'는 느낌이 바로 그것이다. 그것이 왜 최선인지 설명할 수는 없지만 전문가들은 그것을 직관적으로 느낀다고 한다.

아인슈타인도 말했다.

"창의성은 면밀한 의도나 계획에서 나오는 것이 아니라 가슴으로부터 나온다."

느낌은 때때로 결정적인 역할을 한다. 느낌이 좋으면 결과도 좋고, 느낌이 좋은 사람이 실제로도 좋은 사람이기 쉽다. 느낌은 한 순간의 직관이기도 하고, 자기가 살아온 삶의 집적이기도 하다.

창조적으로, 긍정적으로 살아온 사람과 수동적으로, 부정적으로 살아온 사람의 직관과 느낌은 하늘과 땅 차이이다.

부정적인 생각은 금물이다. 언제나 긍정적이고 기분 좋은 생각을 하라. 자신은 운이 좋은 사람이며 무엇이든 하면 잘 된다는 긍정적인 믿음을 갖고 생활하라. 창조의 사고를 만드는 데 있어 무엇보다 중요한 것은 긍정적인 사고와 자신감이다. 창조적인 사고는 반드시 우리의 삶에 큰 활력소가 될 것이다.

잘못 든 길이 지도를 만든다는 말이 있다. 아직 나 있지 않은 길을 가서 길을 만들어낸다는 뜻이다. 창조는 새로운 길을 내는 것이다. 가끔 절벽을 만나기도 하지만 새로운 길을 찾으려면 그런 위험을 무릅쓰는 수밖에 없다.

길을 잘못 들었다고 낙심할 것 없다. 나 있지 않은 길을 간다고 두려워할 것 없다. 절벽도 만나고 돌밭도 걷지만 그 고통과 수고 덕분에 없던 길이 생겨나고 새로운 지도가 만들어진다. 그 길, 그 지도를 따라 많은 사람들이 편안한 마음으로 오고 간다.

우리 모두 긍정적인 마인드와 새로운 시각으로 창조의 새로운 길, 새로운 지도를 만들어 가자.

마침표 그리고
다시보기

세상에는 다시는 돌아올 수 없는 것이 몇 가지가 있다.

그 중에서 첫 번째는 우리 입에서 나간 말이다. 한 번 내뱉은 말은 다시는 돌이킬 수 없다.

둘째는 화살이다. 활시위를 떠난 화살은 다시는 돌아오지 않는다.

셋째는 흘러간 세월이다. 흘러간 세월은 흐르는 물 같아서 다시는 돌이킬 수 없다. 그런데 흘러가는 시간을 붙잡을 수 있는 길이 있다. 그것은 반성이라는 법정에 서서 지난 일을 돌이켜보며 무엇을 잃었으며, 또한 무엇을 얻었는가라고 묻는 것이다.

그런데 우리는 이러한 결과만을 가지고 모든 것을 평가하는 경향이 있다. 물론 결과도 중요하지만 그 결과가 나오게 된 경과도 무척이나 중요하다. 원하는 결과가 나오지 않았더라도 그 결과를 나오게 하기 위해 얼마나 많은 땀을 흘렸는가를 우리는 알아야 한다.

뒤 돌아보면 좋은 일, 안 좋은 일, 나쁜 일, 상처가 되는 일들이 쉽게 많이 떠오른다.

그러나 이러한 기억들이 꼭 좋은 것이어야 할 필요는 없다. 아픈 것도 좋고 아쉬웠던 것도 좋다. 나쁜 추억 역시 지나고 보면 오히려 아름답고 소중하게 느껴지는 것도 사실이다. 아픈 기억이라면 다시는 아프지 않도록 할 수도 있다. 아쉬웠던 기억은 더욱 좋다. 그 아쉬움을 채울 수 있는 그 무엇을 만들어 낼 수 있으니 말이다.

아픈 추억은 누구나 한두 가지 가슴에 안고 살아간다. 그리고 그 아픈 추억을 있게 한 사람을 오래 기억하며 미움과 원망으로 살아가기 쉽다.

그러나 어느 순간 그 때문에 자신의 내면이 훌쩍 자라고 단단해져 있는 모습을 발견하고 혼자서 미소를 짓게 된다. 과거의 아픈 추억은 미래의 좋은 추억과 미소를 만들어내는 더없이 고마운 불쏘시개가 될 수 있다. 어떻게 보면 인생의 흉터라고도 할 수 있는데 흉터는 일견 보기는 싫지만 일종의 축복이기도 하다. 흉터는 생애 내내 지워지지 않고 왜 흉터가 생겼는가를 상기시켜 주기 때문이다.

살아가는 동안 자기만족을 위해서든 혹은 다른 무언가를 위해서든 과거로 돌아가고자 하는 욕구가 커지려 할 때마다 그 흉터를 들여다보면 자신을 돌아보고 통제할 수 있으니까…….

흉터를 보면 부끄럽고 아픈 기억이 되살아난다. 보이지 않는 마음의 흉터는 더욱 그렇다.

그러나 그 흉터가 축복이라는 사실을 깨닫는 날이 온다. 역설적으로 흉터를 남기고 떠난 사람에게 진심으로 감사하게 된다. 따라서 흉터를 자기 내면의 단련과 성장의 지렛대로 삼는 사람은 더욱 성장하게 되는 것이다.

과거는 이미 수정 불가능하고 미래는 아직 불투명하지만, 현재는 내가 요리할 수 있는 나만의 시간이다. 그 시간을 되도록 알차고 마음껏 누리며 즐겁게 살기 위해 노력하자.

똑같은 재료라도 누가 어떻게 요리하느냐에 따라 음식 맛이 전혀 다르다.

시간을 요리하는 것도 마찬가지이다. 똑같은 하루 24시간도 자신이 어떻게 버무리고 사느냐에 따라 달라진다. 짭짤하게, 알차게, 즐겁게 요리하면 현재를 사는 우리 인생의 맛이 어제와는 다른 맛있는 인생이 될 것이다.

그리고 이러한 맛깔 나는 알찬 인생을 살기 위해서는 간혹 한 번쯤 간이역에 내려서 자신이 어디에 있는지 확인해 볼 필요가 있다.

자신이 미로에 있는지, 아니면 제대로 가고 있는지 잠깐 멈춰 서서 되돌아보는 시간이 필요하다. 잠깐 멈춰서는 것, 그것이 곧 휴식이고 명상이다. 휴식과 명상이 우리를 미로에서 건져내고 가야 할 길을 더 힘차게 걷게 한다.

따라서 우리는 색다른 통장을 하나 마련할 필요가 있다. 이 통장은 비밀 번호도 없고, 도장도 필요 없다. 아무리 찾아 써도 예금이 줄어들지 않는다. 예금을 인출하기도 쉽다. 은행에 가지 않아도 되는 것은 물론이다. 한밤중에 자리에 누워서도 찾아 쓸 수 있다. 이 통장은 바로 추억통장이다. 통장에는 추억을 가득 예금해 놓고 필요할 때 꺼내 쓰면 된다. 더러는 아픈 추억도 있지만 그 아픔이 약이 되기도 한다. 꺼낼 때마다 행복도 함께 따라 나올 것이다. 쓰기에 따라 무한한 행복의 통장이 된다.

중요한 메모를 해두었다가 찾는 데 한참이나 걸렸던 경험이 있을 것이다. 그것은 내가 입고 있는 옷들에 주머니가 너무도 많다는 사실이다. 이 주머니들은 바로 내가 성장하고 사회에 길들여져 가면서 갖게 되는 욕망, 욕심이라는 주머니라고도 할 수 있다. 어린 시절에는 조그만 것에도 만족하던 것이 나이가 들면서 조금만 더, 조금만 더라고 쉽게 만족하지 못하는, 바로 인생의 주머니라고 할 수 있다.

사람이 태어나서 마지막에 입는 옷, 수의에는 주머니가 없다.

이제 내 마음의 욕심이란 주머니를 모두 비워내고 조금만 더가 아닌 조금에도 만족하는 빈 공간의 여유로움으로 나를 가볍게 해보는 것도 좋을 듯하다.

에토 노부유키는 《하루에 한 번, 마음 돌아보기》란 책에서 이렇게 말했다.

"우리가 손에 잡을 수 있는 현실적인 행복이란 바쁘고 긴장된 날 속에서 단단히 뭉친 어깨의 힘을 빼는 평안한 시간이 간간이 찾아오는 그런 티타임과 같다."

모든 것이 완벽해야 성공한 것이고, 그것이 행복이라고 믿고 있는 대다수의 생각, 이런 생각이 만연해 있어서 우리는 행복에 대한 확신이 적고 그렇지 못한 자신의 현실로 인해 우울해 한다.

성공하지 않으면 아무런 가치가 없다는 결과주의보다는 여정을 즐기는 과정주의로 생각을 바꾸는 노력, 이것이 우리에게 무엇보다 필요하다. 그러면 언제나 행복은 내 안에 있다.

　고요하게 흐르는 물줄기처럼 마음속에도 천천히 부드럽게 흘러가는 편안함이 있다면 바로 그것이 행복이다.

멀리 보며
어우러져 살아가기

옛말에 이런 말이 있다. '사촌이 논을 사면 배가 아프다.'라는…….

왜 배가 아플까?

이웃이 잘 되면 더불어 나도 잘 될 거라 생각하지 않고, 축하하는 마음에 앞서 내가 저렇게 되지 못한 데 대해 우선 질투심이 앞선 까닭이다.

요즘 흔히 쓰이는 말로 '배고픈 것은 참아도 배 아픈 것은 못 참는다.'라는 말도 있다. 남 잘 되는 것은 못 본다는 것이다. 내가 하면 로맨스, 남이 하면 불륜 등등 비슷한 말들이 너무 많다.

우리는 종종 자신도 모르는 사이에 내가 다른 사람을 심판하는 자리에 서 있는 모습을 발견하게 된다. 나의 잣대로 남을 판단하고, 평가하고, 그에 따라 좋아하고 미워한다.

남의 눈을 볼 때는 내 눈부터 살펴야 한다. 내 눈에 티가 있으면 아무리 맑고 깨끗한 것도 그저 흐린 것으로 보인다. 남의 눈의 티를 보기 전에 우선 내 눈의 대들보를 먼저 보아야 한다.

생텍쥐페리의 《어린왕자》 중에도 이런 말이 있다.

"먼저 네 자신을 심판하거라. 그것이 가장 어려운 일이다. 다른 사람을 심판하는 것보다 자기 자신을 심판하는 것이 훨씬 더 어려운 일이다. 만약 네가 자신을 잘 심판할 수 있다면, 그건 네가 진정으로 지혜로운 사람이기 때문이다."

우리는 매일매일 삶의 숙제들을 떠안고 살아간다.

숙제를 두려워하면 성적이 안 오르는 것처럼 삶의 퍼즐을 두려워하거나 짜증내면 인생은 더 고달프다. 현실의 퍼즐을 보고 미리 겁을 내거나 너무 어렵게 생각하지만 않는다면 반드시 그 해답을 찾는 인생은 퍼즐이다. 현재 벌어지고 있는 일의 최악의 결과를 속단하지 말고 최선의 결과를 생각하라. 퍼즐에는 이미 해답이 있으며, 그것을 발견할 수 있다고 자신에게 말하라.

힘들고 가난할 때 행복하지 못한 사람은 부자가 되어도 행복할 수 없다. 행복은 지금 가진 것에 만족하며 감사하는 마음으로부터 시작된다. 가난할 때 행복하지 못한 사람은 부자가 되어도 행복해지기 어렵다. 행복은 가진 것과 못 가진 것에 의해 좌우되지 않는다. 행복은 자신의 내면으로부터 시작되기 때문이다.

더 나은 삶을 갈망한다는 것 자체가 원대한 꿈의 시작일 수도 있다. 남의 것을 바라보는 것도 나쁘진 않다. 단, 남의 영역에 침입할 생각이 아니라면 한 없이 바라만 보고 있지는 말라.

그리고 자신이 갖고 있는 것에서 소중한 가치를 발견하라. 그것에서 행복을 느끼고 감사하는 마음을 갖는다면 적어도 남의 것을 보고 과

욕을 부리는 일은 없을 것이다.

《법구비유경》에 보면 이런 말이 있다.

"**입 속의 도끼를 버려라. 사람은 세상에 태어날 때 입 안에 무서운 도끼를 물고 있다. 그리고 입 안의 그 무서운 도끼로 스스로의 몸을 찍어댈 뿐만 아니라 세상을 더럽힌다. 그것은 오로지 입 안에서 뿜어져 나오는 나쁜 말 때문이다.**"

도끼는 늘 시퍼렇게 날이 서 있어야 제격이다.

그러나 그 시퍼런 도끼를 정말 잘 써야 한다. 잘 쓰면 예술이지만 잘못 쓰면 흉기가 된다.

입 속의 혀는 도끼보다 더 무섭다. 잘 쓰면 복이 되고 잘 못 쓰면 화와 독이 되는 것이다.

하지만 가슴에 꿈을 품고 있는 사람은 걱정하지 않는다. 지금은 비록 실패와 낙심으로 힘들어 해도 곧 일어나 꿈을 향해 힘차게 달려갈 테니까.

그 마음에 사랑이 있는 사람은 남을 미워하지 않는다. 지금은 비록 쓸쓸하고, 외롭고, 가난하고, 힘들어도 그 마음의 사랑으로 곧 많은 사람으로부터 사랑받고 어울려 살아갈 테니까.

늘 얼굴이 밝고 웃음이 많은 사람은 걱정하지 않는다. 지금은 비록 가볍게 보여도 곧 그 웃음이 사람들에게 기쁨을 주어 그가 행복한 세상의 중심이 될 테니까.

작은 것에 만족할 줄 아는 사람은 걱정하지 않는다. 지금은 비록 어리석게 보여도 그 마음의 작은 기쁨들로 곧 행복한 이야기를 만들어낼 테니까.

먼저 자신을 돌아보고, 나의 허물을 보고, 나를 탓하고, 그리고 나를 용서하라. 내가 남을 받아들이고 남한테 진실해지고 남을 사랑할 수 있으려면, 먼저 나를 알고, 나한테 진실해지고, 나 자신을 사랑해야 한다.

살다보면 실수도 하고 이런저런 허물도 드러내게 된다. 그런 자신에게 항상 너그럽다 보면 한 걸음도 나아가지 못한다. 중요한 것은 스스로 용서하는 행동을 다시는 하지 않도록 최선을 다해 노력하는 것이다.

완전함으로 가는 길은 쉬운 길이 아니다. 완전함을 지향하면서 행동하는 것은 그렇지 않은 경우보다 훨씬 더 어렵다. 왜냐하면 완전함을 이루기란 늘 고통스러우므로……

완전함은 없다. 다만 그 완전함을 향해 가는 것이다. 그런 목표, 그런 지향점을 가지고 가다보면 그 무엇을 발견하게 된다. 조금씩 채워가는 기쁨, 한 뼘씩 자라나는 충만감, 부족함이 있음을 알기에 우리는 보다 완전한 길로 한 걸음 한 걸음 나아가는 것이다.

살아가면서 어찌 미움이 없겠는가?
그렇다고 절대 용서할 수 없다면서 미워하는 사람은 없는가?
또는 끝없이 질투하고 시기하는 사람은 없는가?
그런데 문제는 정작 사랑해야 할 대상을 미워하는 것이다. 미움은 상대는 물론 자신의 몸과 마음, 영혼까지를 병들게 하는 무서운 바이러스인 것이다.

우리의 삶, 미워하기에는 너무 짧고 사랑하기에는 더욱 짧다. 삶은 주어진 것이지만 인생은 만들어 가는 것이다. 이미 주어진 조건들을 잘 연출하여 좋은 쪽으로, 밝은 쪽으로 엮어가는 것이다. 항상 즐거울 수는 없는 일상이지만 스스로 연출자가 되어 연출하면 놀랍게도 그 즐거움이 실제의 삶에 고스란히 녹아든다. 즐거움은 작은 데서부터, 그리고 단순한 것에서부터 시작된다.

눈앞에 있는 것에만 집착하지 말고 마음의 눈을 떠서 멀리 보며 살고, 즐겁게 살고, 그리고 더불어서 어우러져 살자.

생각하는 삶

"생각하는 사람만이 성장할 수 있으며 진리를 깨닫게 된다'는 것에 동의한다. 우리는 수많은 질문들을 통해 나 자신도 몰랐던, 또는 내밀하게 감춰두었던 진정한 나와 마주할 수 있다. 더불어 우리의 생과 미래를 바꿀 결정적인 질문으로 자문하고 즐기며 상상하다보면 어떻게 판단하고 어떻게 행동할 것인지를 생각하는 동안 삶과 사랑, 관계와 상실, 용서와 치유에 대한 지혜로운 통찰을 얻을 수 있게 된다'

– 그레고리 스톡이 자신의 저서 《인생, 묻다》에서 한 말

따라서 우리는 우리 인생에 있어서 끊임없이 물음표와 또한 그것으로 쉼표를 찍어야 한다.

그러기 위해서는 먼저 즐기고 상상하라. 그리고 자문하라!

내 인생과 미래를 바꿀 결정적 질문!

'이런 상황이라면 나는 어떻게 할까?'

우리는 살아가면서 봉착하는 문제들을 잘 해결하기 위해 가치관, 신념, 살아가는 방식에 대한 밀도 높은 철학적인 질문을 통해 자신을 되돌아보고 정리하는 인생의 지혜를 얻을 수 있다.

"과연, 내 인생에서 제일 중요한 것은 무엇일까?

내 인생에 가장 중요한 사람은 누구일까?

자살을 생각해본 적이 있나?

내 인생에서 가장 크게 실망하고, 가장 크게 실패한 때는 언제인가?

지금부터 5년 후 나는 무엇을 하고 있을까?"

이처럼 삶에 대한 본질적인 물음에서부터 때로는 평이한, 때로는 모순된 물음을 통해 어색함과 불편을 느낄 수도 있겠지만 살아가면서 언젠가 한 번쯤 만나게 될지도 모르는 최악의, 최상의 상황을 상상하면서 내면의 대화를 시도하는 것만으로도 큰 소득을 얻을 수 있다.

나 자신만의 대답이 존재할 뿐 답이 없는 이러한 질문을 종이 위에 적어 본다면 하루하루 생활에 쫓기듯 살아가는 자신의 존재가치와 사랑하는 사람들의 의미를 잊고 사는 우리에게 위안과 성찰을 주고 쉼없는 인생에 기쁨과 활력을 선사하는 쉼표를 찍는 일이 될 것이다.

이런 인생을 살기 위해서 우리는 파울로 코엘료의 《흐르는 강물처럼》에서 연필을 사이에 두고 대화하는 할머니와 소년의 이야기를 주시할 필요가 있다.

할머니가 말하길,

"이 할머니는 네가 커서 이 연필 같은 사람이 되었으면 좋겠구나."

소년은 의아한 표정으로 연필을 주시했지만 특별히 눈에 띄는 점은 없었다.

"하지만 늘 보던 거랑 다를 게 하나도 없는데요!"

"그건 어떻게 보느냐에 달린 문제란다. 연필에는 다섯 가지 특징이 있어. 그걸 네 것으로 할 수 있다면 조화로운 삶을 살 수 있을 게야. 첫 번째 특징은 말이다. 네가 장차 커서 큰일을 하게 될 수도 있겠지? 그때 연필을 이끄는 손과 같은 존재가 네게 있음을 알려주는 거란다. 명심하렴. 우리는 그 존재를 신이라고 부르지. 그분은 언제나 너를 당신 뜻대로 인도하신단다. 두 번째는 가끔은 쓰던 걸 멈추고 연필을 깎아야 할 때도 있다는 사실이야. 당장은 좀 아파도 심을 더 예리하게 쓸 수 있지. 너도 그렇게 고통과 슬픔을 견뎌내는 법을 배워야 해. 그래야 더 나은 사람이 될 수 있는 게야. 세 번째는 실수를 지울 수 있도록 지우개가 달려 있다는 점이란다. 잘못된 걸 바로잡는 건 부끄러운 일이 아니야. 오히려 우리가 옳은 길을 걷도록 이끌어주지. 네 번째는 연필에서 가장 중요한 건 외피를 감싼 나무가 아니라 그 안에 든 심이라는 거야. 그러니 늘 네 마음속에서 어떤 일이 일어나고 있는지 그 소리에 귀를 기울이렴. 다섯 번째는 연필이 항상 흔적을 남긴다는 사실이야. 마찬가지로 네가 살면서 행하는 모든 일 역시 흔적을 남긴다는 걸 명심하렴. 우리는 늘 스스로 무슨 일을 하고 있는지 의식하면서 살아야 하는 거란다."

우리가 평소 무심코 보아 넘기던 하찮은 물건에도 교훈은 담겨 있다. 연필을 보면서 그 연필에 담긴 깊은 뜻도 한 번 음미해 보도록 하자.

성공을 위하여

무엇이 성공인가.

많은 사람에게서 존경을 받고, 재산을 많이 쌓고, 모든 일에서 앞서 나가는 것이 성공일까?

세상은 만만하지 않다. 그저 대충해서 이룰 수 있는 일은 어디에도 없다. 그렇게 하다 혹 운이 좋아 작은 성취를 이룬다 해도 결코 오래가지 않는다.

노력이 따르지 않은, 한때의 행운을 우리는 성공이라 하지 않는다.

'불광 불급(不狂 不及)'이라는 말이 있다. '미치지(不狂) 않으면 미치지 못한다(不及)'라는 말이다.

남이 미치지 못할 경지에 도달, 즉 성공하려면 미치지 않고는 안 된다. 미쳐야 미친다. 미치려면 미쳐라.

요즘 읽고 있는 《아웃라이어》라는 책에 보면 아이큐가 120이 넘어가면 그때는 머리의 좋고 나쁨을 떠나서 얼마나 노력을 하고 그 분야에 얼마나 시간을 투자하고 매진했느냐에 따라서 성공의 여부가 결정된다고 한다. 지켜보는 이에게 광기로 비칠 만큼 정신의 뼈대를 하얗게 세우고 미친 듯이 몰두하지 않고는 결코 남들보다 우뚝한 보람을 나타낼 수가 없다는 말이다.

남이 손가락질을 하든 말든 혼자 뚜벅뚜벅 걸어가는 정신, 절망 속에서도 성실과 노력으로 일관한 삶의 태도, 사물의 본질을 투시하고 평범한 곳에서 비범한 일깨움을 이끌어 내는 통찰력을 가지고 맥을 꿰뚫는다면, 우리 삶의 한 자리가 부끄럽지 않고 멋진 삶이 될 것이다.

오늘 하루 그렇게 미치면 여러분도 미칠(及) 수 있을 것이다.

인생은 종종 마라톤에 비유된다. 특히 인내와 끈기를 가지고 결승점까지 달려야 한다는 점에서 비슷하다. 내가 쉬는 동안에도 경쟁자들은 계속 달린다. 내가 넘어지면 다른 사람들과의 격차는 더욱 벌어진다.

그러나 마라톤과 분명히 다른 점이 있다. 인생에서는 1등이 딱 한 사람은 아니라는 점이다.

마라톤에서는 기록이 가장 빠른 사람만 1등이 될 수 있다. 그러나 인생에서는 누구나 1등이, 누구나 성공할 수 있다.

굳이 1등이 아니라도 성공할 수 있다. 조금 뒤쳐져 뒷줄에서 달리고 있어도 포기하지 않고 끝까지 달리는 사람이 진정한 승자요, 아름다운 성공일 수 있다.

지금은 꼴찌로 달려도 세상의 흐름이 바뀌면 꼴찌가 1등이 될 수도 있다. 그것이 바로 인생 마라톤과 마라톤경주의 차이인 것이다. 중요한 것은 포기하지 않고 인생역정을 끝까지 달리는 것이다.

가을이 되면 과일이 붉게 익는다. 그 안에는 태풍이 몇 개, 천둥이 몇 개 그리고 번개가 몇 개 들어서서 붉게 익는지 모른다. 과일이 그 모양을 혼자 갖출 수는 없다. 겨울의 모진 찬바람을 견디고, 봄에 꽃을 피우고, 그 안에 무서리 내린 몇 밤을 담고 나서야 비로소 그 모양을 갖추는 것이다. 하물며 사람은 오죽하겠는가.

베트남을 통일한 호치민의 어록에도 이런 대목이 있다.

"절굿공이 아래서 짓이겨지는 쌀은 얼마나 고통스러운가. 그러나 수없이 두들김을 당한 다음에는 목화처럼 하얗게 쏟아진다. 이 세상 인간사도 때로는 이와 같아서 역경이 사람을 빛나는 옥으로 바꾸어 놓는다."

성공의 다른 한편을 살펴보면 현명한 이에게서 존경을 받고 사람들에게서 사랑을 받으며, 정직한 사람들로부터 찬사를 듣고 아름다움을 식별할 줄 알며, 다른 사람에게서 최선의 것을 발견하는 것, 그리고 자기가 태어나기 전보다 세상을 조금이라도 살기 좋은 곳으로 만들어 놓고 떠나는 것, 자신이 한때 이곳에 살았음으로 해서 다른 단 한 사람의 인생이라도 행복하게 만드는 것 등이 역시 진정한 성공이라 하겠다.

경험은 실패의 합계이기도 하지만 크고 작은 성공의 합계이기도 하다. 실패의 합계에서는 두려움을 버려야 하고, 성공의 합계에서는 자만심을 버려야 한다. 실패의 두려움과 성공의 자만심에 오염되면, 다음 단계로 나아갈 용기를 내지 못하고 한 걸음도 앞으로 떼지 못한다. 실패를 두려워하지 말고 한 발 한 발 미쳐(狂)가면 미치지(及) 못할 일이 없을 것이다.

　다음 단계의 성공을 위하여 용기를 가지고 앞으로 나가자. 그러면 미래는 성공한 여러분의 것이 될 것이다.

세상을 보는,
살아가는 우리의 모습

산다는 것은 우리 모두에게 주어지는 시험과 도전으로 이루어진 학교라고 볼 수 있다.

배울 수 있는 모든 것을 배웠을 때, 또한 가르칠 수 있는 모든 것을 가르쳤을 때 우리는 비로소 나만의 세상으로 갈 수 있다. 모든 것을 완벽하게 배운다는 것은 불가능하며, 때로는 그것을 배우지 못하는 것이 배움이다.

상실은 다양한 방법으로 우리에게 무엇이 소중한지를 보여주며, 사랑은 우리의 진정한 모습을 가르쳐 준다.

인간관계는 우리 자신을 일깨워주고 놀라운 성장의 기회를 가져다준다. 두려움, 분노, 죄의식, 인내심, 시간조차도 훌륭한 교사가 된다.

삶의 가장 어두운 시간에도 우리는 성장하고 있다. 영혼이 성장할수록 가장 큰 두려움인 죽음조차도 점점 작아진다.

아이가 태어날 때마다 신은 세상을 존속시키기로 결정한다는 말이 있다. 마찬가지로 눈을 뜨는 매일 아침, 우리는 살아갈 수 있는 또 다른 하루를 선물받은 것이다.

당신은 언제 마지막으로 그 하루를 열정적으로 살았는가?

이번 생과 같은 생을 우리는 또 다시 얻지는 못한다. 우리는 이번 생에서처럼, 이런 방식으로 이런 환경에서, 이런 부모, 아이들, 가족과 또 다시 세상을 경험하지는 못할 것이다.

당신은 결코 다시 이런 친구들을 만나지 못할 것이다.

다시는 이번 생처럼 경이로움을 지닌 대지를 경험하지 못할 것이다.

삶의 마지막 순간에 바다와 하늘과 별 또는 사랑하는 사람들을 마지막으로 한 번만 더 볼 수 있게 해달라고 기도할 것이 아니라 지금 당장 행동하는 것이 진정 후회 없는 삶이 될 것이다.

사람들은 세상을 살아가면서 객관적인 시각으로 세상을 살아가지 못하고 자신의 주관과 자신 위주로 살아간다. 그렇기 때문에 많은 사람들이 대부분 행복해지는 데 필요한 모든 것을 가지고 있음에도 불구하고 욕심 때문에 현실에 만족하지 못하는 것을 우리는 수없이 보고 있다. 가지지 못한 것에 대하여 연연하지 말고 매일매일 이미 가진 것에서 행복의 요소를 찾아 행복을 연습하는 하루가 되어야 하겠다.

세월이 가고 나이를 먹는 것에 대해 겁을 내거나 좌절할 필요는 없다. 왜냐하면 그것은 내 책임이 아니고 어쩔 수 없는 일이니까.

우리가 두려워해야 할 것은 어떤 일을 해야만 했을 때 그 일을 하지 못하고 그 시기가 지나가 버리는 일이다. 그것은 나이를 먹는 것처럼 내 책임이 아닌 것이 아니고 바로 나의 책임이기 때문이다. 우리는 정말 내 온몸으로 느낄 수 있는 생의 시간을 온전하게 손으로 쥐어야만 한다.

이런 말이 있다.

"여러분들은 계란 프라이가 되시겠습니까, 아니면 병아리가 되시겠습니까?"

스스로 껍질을 깨고 나오면 생명(병아리)으로 부활하지만 남이 깰 때까지 기다리면 계란 프라이밖에 되지 않는다. 뱀 역시 마찬가지로 스스로 껍질, 허물을 벗지 않으면 죽고 만다.

남이 나를 깨뜨릴 때까지 기다린다는 것은 비참한 일이다.

스스로 관습의 틀을 벗고, 고정관념을 깨뜨리고, 매일 새롭게 태어나는 연습을 하도록 하자. 그리고 나이로 살기보다는 생각으로 살도록 하자. 사람은 생각하는 대로 산다. 그렇지 않으면 사는 대로 생각하고 만다. 생각의 게으름이야말로 가장 바람직하지 못한 일이다. 그래서 생각이 없는 사람들은 나이가 벼슬이라 한다. 나이로 세상을 보지 말고 생각으로 세상을 보자.

무언가를 하고 그 결과에 대해 생각한다면, 이는 어쩌면 자신만을 위해 그 일을 했다는 의미가 될 수 있다. 지금 하는 일을 묵묵히 수행하고, 이 순간이 앞으로 올 미래를 위해 기여할 것임에 대해 믿음을 가져라. 중요한 것은 얼마나 오래 살았느냐가 아니라 얼마나 깊이 살았느냐이기 때문이다.

누군가가 이렇게 묻는다면 어떻게 대답할 것인가.

"당신의 인생의 목표가 무엇입니까?"

우리는 이 질문에 잠시 고민을 할 것이다. 과연 나의 목표는 무엇인가. 설사 지금 목표를 가지고 있다 하더라도 이것이 진정한 나의 목표인가. 끝없는 질문 속에서 당신은 성장할 것이다. 인생에서 바라는 걸 이루고 싶다면 자신의 진정한 목표를 파악해야 한다는 뜻이다.

성공은 내가 누구이고 어떤 생각을 가지고 있는 사람인지 아는 데서 시작하고 또 그 끝이 보인다고 할 수 있다.

그러나 그 시작과 끝은 별개의 것이 아니고 바로 하나이다. 시작이 있어야 끝이 있고, 끝이 있어야 또다시 새로운 시작을 할 수 있다. 그래서 시작에 앞서 좋은 생각이 필요하다. 좋은 꿈, 좋은 생각이 좋은 방향을 낳고, 시작이 좋아야 끝도 좋은 것이다.

여러분도 좋은 꿈, 좋은 생각으로 세상을 보는, 그리고 살아가는 우리의 모습을 한 차원 높은 여러분의 세상으로 만들어보라.

여유 혹은 여백

우리가 한국화를 볼 때 빈 공간이 많다는 것을 느끼게 된다.

그런데 그 빈 공간을 보면서 우리는 어떤 편안함과 여유를 느끼게 된다. 소위 '여백의 미'라는 것이다.

각종 스트레스와 어깨를 짓누르는 업무 부담 등 현실이 각박해질수록 우리는 여유를 가져야 된다. 현대는 속도와 소음의 시대이다. 남보다 앞서가기 위해 속도에만 집착하는 사이 어디로 가는지 목적지도 잊어버린 채 그저 가는 데에만 정신이 팔려 도무지 고요할 틈이 없는 게 우리 현대인들의 모습이다.

그런가 하면 사람들은 혼자 있는 것을 못견뎌한다. 외로워지지 않으려고 친구를 만나고, 모임을 만들고, 무리지어 여행을 하기도 한다.

하지만 우리는 가끔 고독해질 필요가 있다. 고독하지 않고는 고요 속에 들 수 없고, 고요 속에 머물지 않고는 깊은 사색은 불가능하다.

"인류에게 유익한 그 무언가 경이로운 것은 모두 정금과도 같은 순도 높은 자기만의 시간에서 탄생한다."

장석주 시인의 이 말은 우리가 한 번 되새겨봐야 할 말이다.

'참을 인(忍)'자가 셋이면 살인도 면한다는 옛말이 있듯이 즉흥적인 생각이나 판단을 하는 것보다는 여유를 가지고 차분하게 생각하는 시간을 가져야 한다.

명상은 이럴 때 필요한 것이다.

명상은 자기 자신을 밝히고 마음을 여는 시간이다.

명상의 자세와 방법은 조용히 손을 무릎에 올려놓고 편안하게 엄지, 검지, 중지의 세 손끝을 모은다. 허리를 곧게 펴고 눈을 감은 채 몸을 좌우로 대여섯 번 흔든다. 몸의 중심을 잡는다. 양 무릎과 꼬리뼈를 연결하면 삼각형이 된다. 그 삼각형의 중앙에 척추로 기둥을 세우고 머리를 기둥 위에 올려놓는다는 느낌으로 앉는다. 가장 좋은 자세는 몸 어느 곳에도 무게가 실리지 않는 자세이다.

자, 이러한 자세로 조용히 눈을 감고 명상에 들어보자. 머리가 아주 가벼운 물질로 만든 것처럼 정신이 맑아지고 마치 깃털처럼 가볍게 날아갈 것 같은 생각이 들 것이다.

이제 모든 것을 내려놓고 나만의 경지로 들어가 보자. 삼라만상이 내 안에 있고 나는 하나의 우주가 된다. 가히 전문가의 경지라 아니할 수 없다.

이런 자세와 경지가 되기까지에는 많은 노력과 자신을 내려놓는 연습이 필요하다.

그런데 굳이 형식에 얽매이다 보면 오히려 본질을 놓칠 수도 있다.

어렵다고 생각되면 그냥 긍정적인 생각과 열린 마음 그리고 여유를 가지고 사물을 보면 된다. 그러면 마음 한켠에 한 폭의 동양화와도 같은 여백, 빈공간이 생기지 않을까 싶다.

욕심 그리고
차 한 잔의 여유

사람이라면 누구나 욕심을 갖게 마련이다.

일반적으로 욕심은 부정적인 느낌을 가지고 있지만 긍정적인 욕심도 있고 부정적인 욕심도 있다. 돈을 많이 벌어 나 혼자 마음껏 쓰고 싶다는 것은 긍정적인 욕심은 되지 않을 것이다. 그러나 돈을 많이 벌고자 하는 욕심과 그 돈으로 남을 돕고자 하는 마음이 함께 있으면 그것은 긍정적인 좋은 욕심이 될 것이다. 이렇듯 긍정적인 욕심은 나를 발전시키고 삶의 원동력이 될 수 있는 하나의 에너지원이 되기도 한다.

그러나 이타적인 마음이 없이 나 혼자만 잘 먹고 잘 살자는 욕심은 그야말로 부정적인 욕심, 탐욕이라 아니할 수 없다.

욕심에는 여러 가지가 있다. 맛있는 음식과 좋은 옷, 좋은 차를 타고자 하는 욕심, 보다 큰 집을 가지고자 하는 욕심, 조금 더 좋은 조건의 배우자를 얻고자 하는 욕심 등 어떻게 보면 누구나 다 가지고 있는 욕심, 누구나 생각할 수 있는 그런 욕심이요, 생각이지만 남을 딛고 남을 불행하게 하면서 나의 욕심을 성취한다거나 나 혼자만이 잘 살고 주변의 어려운 사람들을 외면하는 것은 그야말로 탁한 욕심, 탐욕이라 하겠다.

만일 수단과 방법을 가리지 않고, 주위 사람들을 생각하지 않고 자신이 원하던 그 욕심의 끝에 섰을 때, 과연 성취감과 행복감을 느낄 수 있을까?

여러분은 '미다스의 손'이라는 이야기를 잘 알고 있을 것이다. 그리고 '나도 저런 손을 가졌으면 좋겠다.'라는 생각을 한 번 쯤은 해본 적이 있을 것이다.

그러나 모든 것을 황금으로 변하게 하는 그 손은 결국은 세상에서 가장 사랑하는 공주까지 생명이 없는 황금으로 만들어 버려, 황금이 최고의 행복이라고 생각한 왕을 파멸에 이르게 했다.

여기 또 하나의 우화가 있다.

다 쓰러져 가는 낡은 집에 혼자 사는 남자가 있었다.

그는 항상 이런 말을 했다.

"부자가 되면 얼마나 좋을까? 나는 부자가 되면 가난한 사람들을 돕고 째째하게 구두쇠처럼 살지 않을 거야."

그런데 어느 날 하느님이 그 앞에 나타나 말했다.

"네가 그렇게 소원하는 부자를 만들어 주겠다. 여기 마법의 항아리가 있다. 이 안에는 아무리 꺼내도 절대 없어지지 않는 금덩어리가 하나 있다. 여기서 원하는 만큼 꺼내 쓰도록 하여라. 다만 한 가지 명심할 것은 돈을 쓰려면 그 항아리를 버려야 한다."

말을 마치자마자 하느님은 흔적도 없이 사라져 버리고 그 자리에는 항아리만 하나 남아 있었다.

남자는 두근거리는 마음으로 금덩어리를 하나 꺼냈다.

그러자 항아리에는 금덩어리가 또 하나 생겨났다.

이때부터 남자는 시간이 가는 줄도 모르고 신나게 금덩어리를 꺼내기 시작했다.

어느새 그의 옆에는 금덩어리가 쌓여가기 시작했다.

물론 그가 평생을 써도 못 다 쓸 양이었다.

다음날 아침이 되어서야 그는 허기를 느끼며 금덩어리 꺼내는 일을 멈추었다.

금화를 사용하려면 먼저 항아리를 버려야 한다는 조건이 생각나 그는 항아리를 들고 아쉬운 마음으로 강가로 향했다.

그런데 강에 도착한 그는 한참 망설이다가 결국 항아리 버리는 것을 잠시 미루기로 했다.

'이 순간의 배고픔과 돈을 쓰고 싶은 생각만 참으면 나는 더 큰 부자가 될 수 있어. 지금까지도 나는 배고픔을 밥 먹듯 참아왔잖아. 그래 아무리 생각해도 항아리를 포기하기에는 아직 일러.'

차마 항아리를 버리지 못한 남자는 다시 집으로 돌아와 금덩어리를 꺼내기 시작했다.

몇 번이나 항아리를 버리려 했지만 그때마다 조금 더 큰 부자가 되고 싶은 생각에 금덩어리의 유혹을 떨쳐버릴 수 없었다.

하루가 지나고 이틀이 지났다. 남자는 세상에서 가장 맛있는 음식을 먹으러 갈 수도 있었고, 가장 화려한 집과 최고로 비싼 옷을 사고도 남을 만큼의 금을 갖게 되었지만 금덩어리 꺼내는 것을 멈추지 않았다.

조금만 더, 조금만 더……. 먹지도 마시지도 않은 채 꺼낸 결과, 금덩어리는 어느 새 온 집안에 가득 쌓였다. 그러나 금덩어리가 쌓여 갈수록 그는 점점 마르고 허약해졌다.

머리는 하얗게 샜고, 얼굴에 핏기도 사라졌다.

남자는 힘없는 목소리로 중얼거렸다.

"도저히 못 버리겠어. 금덩어리가 이렇게 나오고 있잖아……."

결국 그는 돈을 한 푼도 써보지 못한 채 금덩어리 속에서 숨을 거두고 말았다.

스페인의 철학자 그라시안은 이렇게 말했다.

"행운을 안고 입장했던 사람들 중에서 오직 적당한 시기에 물러났던 사람들만이 그 행복을 지킬 수 있었다."

이렇듯 과한 욕심, 즉 헛된 욕심은 나를 파멸로 이끌게 된다.

행복은 많이 가진 사람의 것도 아니요, 거창한 이벤트처럼 다가오지도 않는다. 행복은 주변의 사소한 것, 작은 것들에서부터 오는 것이다. 작은 것에 감사하고 사소한 것에 고마워할 줄 아는 마음이 필요한 것이다.

너무 불행하다고 느낄 때, 또 너무 행복하다고 느낄 때 잠시 눈을 돌려 차 한 잔의 여유를 가져보자. 행복한 순간에는 그대의 친구가 되어줄 것이다. 외롭고 적적한 시간에도 한 잔의 따뜻한 김이 모락모락 나는 차 한 잔을 가까이 해보자. 외로움은 잠시 자리를 비울 것이다.

삶이 막막할 때 한 잔의 차를 부르면 새로운 길이 열릴 것이다. 심신이 지칠 때 한 잔의 차와 같이하면 편안한 휴식이 될 것이다. 그윽한 차의 향이 그대 코끝을 맴돌면 여유와 미소가 그대와 함께 할 것이다.

어둡고 탁한 욕심이 그대를 채울 때 사랑하는 사람과 잠시 차 한 잔의 여유를 가져봄이 어떨는지…….

행복하게 살아가기

　사람들은 항상 행복이라는 게 저 멀리 있는 것이라고 생각한다. 아주 복잡하고 대단해서 얻거나 가까이 다가가기에는 너무 멀고 힘든 것으로…….

　하지만 아주 작은 일들이 행복을 만들어 준다.

　아침에 일어날 수 있는 것

　일어나 출근할 직장이 있는 것

　비가 내릴 때 피할 수 있는 곳이 있는 것

　우울할 땐 향기 좋은 한 잔의 차를 마실 수 있는 것

　외로울 때 읽을 책 한 권 그리고 사랑하는 사람과 함께 할 수 있는 것

　이러한 모든 일들이 우리를 행복하게 한다. 행복은 자신의 마음속에 있기에 자신이 스스로 느낄 때 행복하겠지만…….

　사람은 누구나 자기중심에 소중한 무엇인가를 품고 살아간다. 어떤 이는 슬픈 기억을 품고 살아가고, 어떤 이는 서러운 기억을 품고 살아가고, 어떤 이는 아픈 상처를 안고 평생을 살아간다.

그러나 어떤 이는 아름다운 기억을 품고 살아간다. 마음속에 항상 기쁜 일을 즐겨 떠올리고 반짝이는 좋은 일들을 되새기며 감사하면서 살아간다. 사람의 행복과 불행은 바로 여기에서 결정되는 것이 아닐까 생각된다. 누구에게나 똑같이 주어지는 기쁨과 슬픔, 만족과 불만 중 어느 것을 마음에 품느냐에 따라 행복한 사람이 되기도 하고 불행한 사람이 되기도 한다는 말이다.

우리 가슴에 맑고 푸른 하늘을 품고 살면 되는 것이다. 아름다운 꽃 한 송이를 품어도 되고 누군가의 맑은 눈동자 하나, 미소 짓는 그리운 얼굴 하나, 따뜻한 말 한마디를 품고 살면 되는 것이다. 그러면 흔들리지 않는 당당한 행복한 삶을 살 수 있다. 좋은 것을 마음에 품으면 좋은, 행복한 삶을 살 수밖에 없는 것이다.

나 자신이 기분이 좋아지면 나만 기분 좋고 행복한 것이 아니라 내 주변에 있는 사람들도 기분이 좋아진다. 감정은 마치 바이러스처럼 전염이 된다. 진짜로 즐거운 기분, 행복감, 열정, 감사하는 마음, 설렘…….

내가 주변 사람들에게 줄 수 있는 가장 값진 보석은 물질적인 것이 아니라 기분 좋은 모습, 행복한 표정이 바로 진짜 선물이자 가장 값진 보물인 것이다.

행복에도 수준이 있을까?

높은 산에 오르면 행복이 많고, 낮은 산에 오르면 행복이 적을까?

백 계단에 올라서 평지로 내려 설 때와 천 계단에 올라서 평지로 내려와 걸을 때 행복에 차이가 있을까?

행복의 느낌은 어찌 보면 꽃이 활짝 핀 절정에서의 잠깐일 수도 있다.

모든 행복은 평등하지만 사람의 생각에 따라 행복을 느낄 수도 있고 느끼지 못할 수도 있다. 행복하다고 느끼는 그 순간이 바로 행복 그 이하도, 그 이상도 아닌 최고 행복한 순간인 것이다.

지금 내가 가지고 있는 모든 것들은 정말 내 것이 아니다. 살아있는 동안 잠시 빌려 쓸 뿐이다. 죽을 때 가지고 가지 못한다. 나라고 하는 이 몸도 내 몸이 아니다. 이승을 하직할 때는 버리고 떠난다는 사실은 우리 모두가 다 아는 사실이다. 내 것이라고는 영혼과 업보뿐이다. 영원히 가지고 가는 유일한 나의 재산이다. 부귀와 권세와 명예도 잠시 빌린 것에 불과하다. 빌려 쓰는 것이니 언젠가는 되돌려 주어야 한다. 빌려 쓰는 것에 너무 집착하지 말아야겠다.

내 것이라고 집착하던 것들을 살며시 놓아보자. 모두 놓아버리고 나면 마음은 비워질 것이다. 마음이 비워지고 나면 이 세상 모두가 나의 빈 마음속으로 들어올 것이다. 그러면 행복이 마음속에 가득 차게 될 것이다.

행복은 결코 크거나 어려운 것이 아니고 내 마음속에 있는 만큼 자신에게 주어진 일상에 충실하면서 작은 행복 그리고 자주 행복하기 위해 우리 매일매일 행복연습을 하자.

인생이 길다면 남은 긴 시간을 값지게 하기 위해, 짧다면 애달프게 짧은 그 시간을 더 의미 있게 하기 위해 오늘도 한 사람, 한 분의 인연을 소중히 여기며 늘 행복하고 더욱더 행복한 삶을 위하여 함께 더 행복을 연습하도록 하자.

행복 만들기

"있을 때는 그 소중함을 모르다가 잃어버린 후에야 그 안타까움을 알게 되는 못난 인간의 습성……. 내 자신도 그와 닮아 있지 않았나 하는 생각이 들 때면 매우 부끄러워집니다. 내일이면 장님이 될 것처럼 당신의 눈을 사용하십시오. 그와 똑 같은 방법으로 다른 감각들을 적용해 보시길……. 내일이면 귀머거리가 될 것처럼 말소리와 새소리 오케스트라의 힘찬 선율을 들어보십시오. 내일이면 다시는 사랑하는 사람들의 얼굴을 못 만져보게 될 것처럼 만져보십시오. 내일이면 다시는 냄새와 맛을 못 느낄 것처럼 꽃향기를 마시며, 매 손길마다 맛을 음미하십시오"

못 가진 것들이 더 많았지만 가진 것들을 충분히 누린 헬렌 켈러 여사의 글이다.

이와 같이 모든 것을 갖춘 사람만이 행복한 것이 아니라 가진 것에 대해 감사하고 느끼는 것이야말로 진정한 행복으로 가는, 없는 것에 대해 불평하고, 자신을 폄하하는 데 시간을 허비하는 것보다는 가진 것에 대해 행복해하는 것이야말로 진정한 행복이라고 하겠다.

그래서 행복은 찾아오는 것이 아닌, 누가 주는 것도 아닌 바로 자신이 만드는 것이다.

세상에는 건강과 행복을 구걸하는 사람이 많다.

얼마든지 자신의 힘으로 건강과 행복을 만들 수 있는데도 누군가가 해결해줘야 된다고 생각하는 사람들이다. 그들은 "나를 건강하게 해주세요, 행복하게 해주세요." 하고 기도만 한다. 그것은 내가 가지고 있는 능력을 쓸 줄 모르는 것이다.

신이 인간에게 부여한 가장 고귀한 기능이 사고하고 창조하는 것이다. 이러한 고귀한 기능을 우리는 잊고, 보이지 않는 힘에게만 기대려고 한다.

누군가는 마음으로 말했다. 인생은 단 한 번의 추억여행이라고……

인생은 단 한 번의 추억여행
김정한

눈물겹도록 사랑을 하다가
아프도록 외롭게 울다가
죽도록 배고프게 살다가
어느 날 문득 삶의 짐 다 내려놓고
한줌의 재로 남을 내 육신

그래 산다는 것은 짧고도 긴 여행을 하는 것이겠지

처음에는 나 혼자서

그러다가 둘이서

때로는 여럿이서

마지막에는 혼자서 여행을 하는 것이겠지

산다는 것은 사실을 알고도 모른 척

사람을 사랑하고도 아닌 척

그렇게 수백 년을 지나치면 삶이 지나간 흔적을 발견하겠지

아, 그때는 참 잘 했어

아, 그때는 정말 아니었어

그렇게 혼자서 독백을 하면서 웃고 하겠지

아마도 여행 끝나는 날에는

아름다운 여행이기를 소망하지만

슬프고도 아픈 여행이었어도

뒤돌아보면 지우고 싶지 않은 추억이겠지

짧고도 긴 아름다운 추억여행……

그래 인생은 지워지지 않는 단 한 번의 추억여행이야.

이 추억여행이 회한의 여행이 될 것인가, 아니면 언제든 돌아보고 싶은 행복한 여행이 될 것인가는 나 자신에게 달려있다. 때로는 인생을 살아가는 데 있어서 어렵고 힘든 일도 많이 있겠지만 그것을 긍정적인

마음과 나의 고귀한 기능으로 극복한다면 그 극복 뒤에 오는 행복감은 우리 추억여행에 있어서 또 하나의 행복한 에피소드가 될 것이다.

좋은 생각을 하면 좋은 일이 일어날까?

생각만 한다고 좋은 일이 곧바로 생기는 것은 아니다. 먼저 좋은 생각을 하고 그 생각을 감정과 느낌으로 에너지의 변화가 올 때까지 노력하고 행동해야 한다. 생각이 간절한 감정으로 바뀔 때 자신과 주위의 에너지를 변화시키는 힘이 생긴다. 꾸준히 희망을 갖고 이루어지는 것을 상상하고 감정과 느낌이 생길 때까지 행동하고 노력해야 한다. 그래야 선택한 대로 이루어진다.

진실로 행복해지면 말소리와 행동이 달라진다. 그런 감정 속에서 행복을 느끼는 것이다.

행복을 얻기 위해서는 먼저 큰일을 계획하고 도전하라. 큰일을 계획하고 실행하게 되면 많은 노력과 극심한 인내를 필요로 하지만 값진 성취를 얻게 된다. 그리고 진행하는 과정에서 작은 성취감을 얻게 되는 것도 또한 작은 행복이라고 할 수 있다.

매순간 감사의 마음으로 자신에게 건강한 육체와 건강한 사고를 준 것, 그리고 사랑하는 사람들과 함께 할 수 있음에 감사하고 내 인생에 반가운 이들에게 "사랑합니다."라고 사랑을 표현해보자. 그러면 반가운 이들도 나에게 사랑을 표현하게 되고 더욱더 큰 행복을 느끼게 될 것이다.

또 좋아하는 일을 하고, 현재를 즐기고, 문제가 생기면 낙천적으로 생각하라.

작은 일에 감사하고 행복해 하며 인생의 즐거움을 만끽하라.

모든 것을 사랑하며 행복을 가꾸어 나가라.

이것이 행복을 부르는 비결이다.

힘든 삶의 여정을 극복하는 방법
─ 사랑 그리고 행복

우리는 짧지 않은 인생이라는 힘든 여정을 살고 있다. 때로는 즐겁고 행복하지만 또 한편으로는 어렵고 고단한 면도 많이 겪으면서 인생을 살아간다. 이 힘들고 어려운 삶의 여정 속에서 사랑과 행복이라는 두 단어가 판도라의 상자 속에 있는 희망으로 우리의 인생여정을 밝게 비춰주고 있다.

사랑에는 여러 가지가 있다. 부모와 자식 간의 사랑, 남녀의 사랑, 종교적인 사랑, 동물이나 식물 등 사물을 사랑하는 마음 그리고 자기 자신과 자신의 일을 사랑하는 마음 등…….

흔히 사랑이라 하면 남녀 간의 사랑을 떠 올리지만 사랑하는 마음은 이렇듯 다양한 형태를 띠고 있다. 하지만 이 가운데 사람과 사람간의 사랑이 진정한 형태의 사랑이 아닌가 싶다.

우리가 사랑을 이야기할 때 사랑만큼 어려운 것은 없다고 하는 사람도 있지만 혼자서 사랑하는 일방적인 짝사랑도 사랑이요, 굳이 상대방이 나와 마음을 서로 나누지 않아도 나만의 따뜻한 사랑하는 마음이 있으면 그것으로 족한 것이 또한 사랑이라고 할 수 있다.

그래도 함께하는 사랑이 행복한 사랑임은 말할 나위없다.

사랑의 정의는 딱히 규정되어 있지 않다. 어찌 보면 사랑하는 것은 잘 안다는 것과 일맥상통한다고 할 수 있다. 가장 사랑하는 사람을 가장 잘 안다는 것은 어쩌면 분명한 사실일 수 있기 때문이다.

그러나 가장 잘 알기 때문에 가장 조심해야 할 것도 많다. 아는 만큼 더 챙겨보고 살펴 볼 줄도 알아야 하고, 또 그만큼 덮어 줄줄도 알아야 한다.

사랑한다는 것은 매우 어려운 것 같지만 행복과 마찬가지로 우리 곁에 가까이 있다. 손을 잡으면 마음까지 따뜻한 사랑⋯⋯. 그것은 가족이 될 수도 있고 연인이 될 수도 있다.

마음이 통하는 사랑하는 그 누군가와 함께 가면 갈 길이 아무리 멀어도 갈 수 있다. 눈이 오고 바람 불고 날이 어두워도 갈 수 있다. 바람 부는 들판도 지날 수 있고 위험한 강도 건널 수 있으며 높은 산도 넘을 수 있다. 나 혼자가 아니고 사랑하는 그 누군가와 함께라면 손 내밀어 건져주고, 몸으로 막아주며⋯⋯. 사랑하는 마음 하나만 있으면 어떤 난관도 헤쳐 나갈 수 있다.

이 세상은 혼자 살기에는 너무나 힘든 곳이다. 단 한 사람이라도 사랑해야 한다. 단 한 사람의 손이라도 잡아야 한다. 단 한 사람이라도 믿어야 하며, 단 한 사람에게라도 나의 모든 것을 보여 줄 수 있어야 한다. 그래야 동행의 기쁨이 있고 동행의 위로가 있어야 굴곡진 세상을 헤쳐 나가기가 수월하다.

우리의 험난한 인생길, 사랑하는 그 누군가와 손잡고 걸어가자.

그런데 사랑도 능력이 있고 의지가 있어야 사랑을 할 수 있다. 한 사람을 깊이 사랑할 수 있는 능력, 그런 능력이 비로소 만인을 사랑할 수 있게 한다. 한 사람도 제대로 사랑하지 못하면서 어떻게 만 사람을 사랑할 수 있겠는가. 정신적으로 성숙된 사람은 엄격한 자기 훈련을 통해 사랑할 능력을 갖춘 사람이며, 그 능력 때문에 세상은 그들의 도움을 절실히 요구하게 된다. 그러면 그들 또한 그 부름에 응하여 사랑을 실천할 수밖에 없다. 사랑이 있기 때문에 그렇다. 사랑할 수 있는 능력이 가장 위대한 능력이다.

오늘을 사는 순간보다 내일의 삶을 꿈꾸는 순간이 아름다운 것은 내일과 오늘이 바뀌지 않는다는 것이며, 오늘의 힘든 시간은 내일이라는 시간으로 지울 수 있지만 내일의 시간을 오늘이라는 시간이 지울 수 없듯이 삶의 아름다움은 종결 어미가 아니라 늘 살아있는 현재 진행형이라는 것이다.

삶이라는 노트와 지우개, 연필 그리고 무엇이든 쓰고 지우며 사는 인생. 그러나 그 지우개가 다 닳아 지울 수 없을 때 우리는 그 순간을 죽음으로 생각한다. 오늘을 사랑과 행복으로 승리한 자는 결코 내일의 패배자가 될 수 없으나, 오늘의 삶에 패배한 자는 내일의 삶에도 패배자가 될 수 있는 위험의 길을 걷는 불행한 사람이라고 할 수 있다.

불행이냐, 행복이냐는 자신에게 달려있으며, 오늘이 가져다주는 의미를 뒤돌아보며 잘못을 반성할 때 내일의 삶이 승리로 돌아와 기쁨과 행복의 삶을 살 수 있을 것이다.

어떤 대담프로에서 사회자가 물었다.

"인생에 있어 가장 행복하고 좋은 나이가 언제일까요?"

이 질문에 한 어린이가 대답했다.

"학교가기 전이요. 왜냐하면 학교에 가지 않고 실컷 놀 수 있으니까요."

그러자 이번에는 한 청년이 대답했다.

"이십대가 아닐까요. 학교도 졸업하고 취직해서 자동차도 사고, 데이트도 하고, 자신의 생각을 펼칠 수 있는 꿈이 있는 나이니까요."

그 다음에는 40대가 대답했다.

"물론 이십대에는 젊음이 있고 하고 싶은 일들을 시작할 수 있으니까 좋겠지만 세상 이치를 알고 안정된 40대가 좋은 것 같군요."

다음으로는 은퇴한 60대가 대답했다.

"직장에서 은퇴하고 느긋하게 사는 지금이 가장 행복한 것 같소."

그러자 호호백발 할머니 한 분이 미소를 지으면 이렇게 말했다.

"모든 나이가 다 행복하고 좋은 나이지요. 여러분은 지금 자기 나이가 주는 행복을 마음껏 즐겨요."

이렇듯 모든 일에는 정답이 없다. 정답은 자신이 만들어 가는 것이다. 인생의 여정이 아무리 험하고 힘들지라도 자신의 생각과 의지로 그 힘든 여정을 극복해 나갈 수 있다. 여기에 사랑 그리고 스스로 만들고 느끼는 행복이야말로 힘든 여정을 헤쳐 나가는 데 있어 무한한 에너지를 공급해 줄 수 있는 것이다.

작물은 저마다 좋아하는 토질이 있다. 예를 들면 벼는 무논을 좋아하고, 수박은 사질토를 좋아한다. 수박을 무논에 심거나 벼를 사질토에 심으면 아무리 애를 써도 수확을 올릴 수 없다. 사질토의 모래 논을 시루논이라 하는데 마치 시루에 물 빠지는 것처럼 물이 쑥쑥 빠진다 해서 붙여진 이름으로, 논으로는 빵점이다.

사람도 시루논과 같으면 곤란하다. 사랑을 장대비처럼 쏟아 부어도 다 흘려보내고 진정어린 말도 다 흘려버리면 정말 빵점이다.

작은 사랑과 관심, 지나가는 말 한마디도 놓치지 않고 자기 마음의 논에 잘 담아, 더 큰 감사와 풍요로움으로 수확하는 삶이야말로 백점 짜리 인생, 힘든 삶의 여정을 잘 극복할 수 있는 인생이 된다.

우리 모두 시루논이 되지 말고 내 안에 사랑과 행복을 가득 담아 길고 힘든 삶의 여정을 잘 헤쳐 나가자.

오늘을 사랑하라

오늘을 사랑하라

오늘은 어제 죽은 사람이 그토록 갈망하던 내일이다.

오늘은 내게 주어진 최고의 시간이기도 하다. 순간순간, 날마다, 달마다, 해마다 어떤 시간이나 자기가 더 바람직하게 여기는 삶을 살 수 있는 좋은 기회로 삼아야 한다.

인생은 방향이다. 자신이 선택한 방향대로 흘러간다. 부정적인 쪽을 택하면 부정적인 방향으로, 긍정적인 쪽을 택하면 긍정적인 방향으로 이어진다.

오늘도 내일도 그날이 그날이라고 여기면 늘 그날이 그날이고, 순간순간, 날마다, 달마다, 해마다 늘 새롭게 여기면 매일 매순간이 감사와 축제의 연속이다. 지난 삶을 힘겹게 건너오면서 때로는 지쳐 쓰러지고, 때로는 좌절에 통곡하고, 때로는 깊은 생채기를 남기기도 한다.

하지만 돌이켜 보면 인생은 단 한 번뿐이기에 참고 견디면서 자신을 완성해 간다.

인생은 단 한 번뿐, 재방송이 없다. 늘 생방송이다. 그러므로 생방송은 준비를 더 잘해야 한다. 삶의 한 순간 한 순간이 지나가면 끝이다.

그러나 도전하는 사람에게는 그 끝이 아니라 새로운 걸음의 시작이다. 다음 생방송을 위한 또 하나의 소중한 준비 단계일 뿐이다.

그러나 인생의 생방송은 늘 만회할 수 있으며, 그래서 삶은 도전이고 희망이다.

오늘이란 말은 싱그러운 꽃처럼 풋풋하고 생동감을 안겨준다. 마치 이른 아침 산책길에서 마시는 한 모금의 시원한 샘물 같은 신선함이 있다.

사람들은 누구나 아침에 눈을 뜨면 새로운 오늘을 맞이하고, 오늘 할 일을 머릿속에 떠올리며 하루를 설계하는 사람의 모습은 한 송이 꽃보다 더 아름답고 싱그럽다. 그것은 그 사람의 가슴엔 새로운 것에 대한 기대와 열망이 있기 때문이다.

반면에 그렇지 않은 사람은 오늘 또한 어제와 같고 내일 또한 오늘과 같은 것으로 여기게 된다.

그래서 새로운 것에 대한 미련이나 바람은 어디로 가고 매일매일에 변화가 없다. 그런 사람들에게 있어 오늘은 결코 살아 있는 시간이 될 수 없다. 이미 지나가 버린 과거의 시간처럼 쓸쓸한 여운만 그림자처럼 붙박여 있을 뿐이다.

오늘은 오늘 그 자체만으로도 아름다운 미래로 가는 길목이다. 그러므로 오늘이 아무리 고달프고 괴로운 일들로 발목을 잡는다 해도 그 사슬에 매여 결코 주눅이 들어서는 안 된다.

사슬에서 벗어나려는 지혜와 용기가 필요하다. 오늘이 나를 외면하고 자꾸만 멀리멀리 달아나려 해도 그 오늘을 사랑해야 한다. 오늘을 사랑하지 않는 사람에게는 밝은 내일이란 그림의 떡과 같고 또 그런 사람에게 오늘이란 시간은 희망의 눈길을 보내지 않는다.

앞일은 누구에게나 미지의 영역이요, 지도는 없다. 다음 모퉁이를 돌았을 때 무엇이 기다리고 있는지, 그 모퉁이를 돌아보지 않고서는 알 수가 없다. 앞일은 아무도 모른다. 모르면서, 정녕 짐작도 못하면서 인생의 다음 모퉁이를 열심히 돌고 또 돈다. 타성 때문이 아니라 좋은 일이 기다리고 있을 것이라는 믿음과 기대와 희망을 가지고 새 모퉁이를 돈다. 삶이란 그래서 늘 가슴 설레는 여정이다. 미지의 영역이지만 한 번 해볼 만한 담대한 모험이다.

마음을 편히 가져라.

당장 해결할 수 없는 문제가 한숨 자고나서 한 발짝 물러나 보면 쉽게 풀리기도 한다.

그러나 이러한 행운은 오늘 노력하지 않고서는 결코 오지 않는다. 삶이 뜻한 대로 굴러가지 않을 때는, 어쩌다 힘든 날 일뿐이라 생각하고 계속해서 앞으로 나아가야 한다.

오늘이 너무너무 힘들다면 내일은 더 밝은 날이 기다릴 것이라는 기대 속에서 오늘 최선을 다하라.

내려다보기
그리고 내려놓기

사촌이 땅을 사면 배가 아프다는 말이 있다. 그것은 내가 땅을 가지고 있어도 남이 나보다 더 많은 땅, 더 좋은 땅을 가지게 되는 데서 상대적인 박탈감을 느끼기 때문이다.

자동차의 경우도 마찬가지이다. 차가 고장 없이, 연비도 좋은 상태에서 정말 유용하게 잘 쓰고 있는데도 불구하고 크고 좋은 차, 럭셔리한 차에 눈이 가고 또 소유하고 싶어진다. 집 역시 마찬가지. 가족들과 단란하게 별 불편함이 없이 살고 있지만 대형평수의 아파트나 타워팰리스, 혹은 정원이 딸린 널찍한 집에 눈길이 가고, 또 살고 있는 집에서 보다 큰 평수로 늘려가기 위해 열심히 돈을 저축한다. 이러한 현상은 모두 올려다보기를 하기 때문이다.

사람들이 목표를 세울 때 항상 현재보다는 더 높은 곳을 지향하고 또 그 목표를 향해 기를 쓰고 매달린다. 물론 이러한 상향지향적인 사고와 행동이 개인의 발전과 아울러 사회 발전의 원동력이 되기는 한다. 하지만 이로 인해 물질만능, 목표지향적인 사람으로 길러지고, 이로 인해 항상 만족하지 못하고 새로운 목표를 향해 힘겹게 살아가는 것이 오늘의 현실이 되고 있다.

우리는 여기에서 잠시 내려다 볼 필요가 있다.

등산을 갈 때에도 정상까지 쉴 새 없이 올라만 가면 아마 지쳐서 정상을 밟지 못하든가, 아니면 중도에 쓰러져 버릴 것이다. 오히려 중간 중간 쉬면서 발아래 경치도 감상하고 휴식을 통해 기운을 재충전해서 몸을 추슬러 가면서 올라가면 어느새 정상에 오른 나를 발견하게 될 것이다.

정상에 오르면 시원한 바람과 저 아래로 멀리 펼쳐지는 경치를 보면서 성취감을 느끼며 나를 돌아보는 여유를 가지게 된다. 더구나 잠시 내려다보며 나를 관조할 수 있고 새로운 마음가짐과 충전을 하는 여유를 갖게 된다. 이것이야말로 바쁘게 돌아가는 현실 속에서 우리가 가져야 할 자세, 내려다보는 마음이 아닌가 싶다.

기대한 만큼 채워지지 않는다고 초조해 하면 그 만큼 스트레스가 쌓인다. 믿음과 희망을 갖고 최선을 다한 거기까지가 바로 나에게 주어진 최고의 결과물이다.

누군가를 사랑하면서 더 사랑하지 못한다고 애태우지 마라. 마음을 다해 사랑한 거기까지가 나의 한계이고 아름다움이다.

지금 슬픔에 젖어있다면 더 많은 눈물을 흘리지 못한다고 자신을 탓하지 마라. 누군가를 완전히 용서하지 못한다고 부끄러워 마라. 아파하면서 용서를 생각한 거기까지가 나의 한계이고 그것이 나를 내려놓는 것이다.

모든 욕심을 버리지 못한다고 괴로워 마라. 날마다 마음을 비우면서 괴로워한 거기까지가 나의 한계이고 그것이 오히려 마음 편한 일이다.

세상의 모든 꽃과 잎은 더 아름답게 피지 못한다고 안달하지 않는다. 자기 이름으로 피어난 거기까지가 꽃과 잎의 한계이고 그것이 최상의 아름다움이다.

욕심을 버린 자는 뙤약볕이 내리쬐는 여름날에도 견딜 수 있는 커다란 나무 그늘 하나를 마음속에 가진 자일 것이다. 욕심을 내려놓은 사람은 찬바람이 몰아치는 광야에서도 견딜 수 있는 따스한 동굴 하나쯤 마련해 가지고 사는 사람일 것이다.

행복은 문을 두드리며 밖에서 찾아오는 것이 아니다.

나의 마음 안에서 꽃향기처럼 피어나는 행복이라면 멀리 밖으로 찾아나설 것 없이 자신의 일상생활에서 그것을 누릴 줄 알아야 한다. 행복은 우리가 자신을 버리고 남에게 주느라고 여념이 없을 때 슬쩍 찾아와 피어난다. 움켜쥐고 있는 행복은 씨앗이지만 나누는 행복은 향기로운 꽃이 된다.

행복은 마치 안경과 같다. 자신은 안경을 볼 수 없지만 안경은 바로 내 코 위에 놓여있다. 그렇게도 가까이 말이다.

그런데 바로 내 코 위에 걸려있는 안경처럼 모든 것이 늘 가까이 있는데도 무심할 때가 많다. 내 집, 내 손과 발, 친구와 형제, 지금 만나는 사람, 모두가 그렇게도 가까이 있는 안경들처럼 말이다. 떠나거나 잃어버린 다음에야 비로소 그 소중함을 깨닫지 말고, 가까이 있는 행복을 보는 안경을 가까이 하자.

따라서 우리는 너무나도 멀리서 행복을 찾아 헤매고 있지 않은가 한 번 돌아볼 필요가 있다.

그럼 그 가까이 있는 행복은 어떻게 찾아야 되는가, 어떤 것이 행복인가?

스승과 제자 이야기를 통해 행복의 비결을 들여다보자.

제자 몇 사람이 스승을 찾아갔다.

제자는 스승이 어떻게 해서 늘 행복하고 만족스럽고 마음이 평화로운지 궁금했고, 자신들도 스승처럼 되고 싶었다.

스승은 그들에게 이렇게 말했다.

"누울 때 눕고, 일어날 때 일어나고, 걸을 때 걷고, 앉을 때 앉고, 먹고 마실 때 먹고 마시느니라."

제자 한 명이 용기를 내어 스승에게 물었다.

"스승님, 저희도 말씀대로 하고 있습니다. 그런데도 행복하지가 않습니다. 무슨 비결이라도 있으십니까?"

그러자 스승은 앞에서 한 말을 되풀이 했다.

제자들이 이해도 되지 않고 속이 상하기도 해서 자리를 뜨려하는 순간 스승이 말했다.

"물론 너희도 자고, 일어나고, 걷고, 먹고, 마시긴 한다. 하지만 자는 동안 벌써, 앞으로 일어날 일을 생각한다. 일어날 땐 어디로 갈 건지 고민하고, 걷고 있을 땐 무엇을 먹고 마실지 고민하지. 생각이 늘 딴 곳에 가 있는 게지. 삶이란 현재만 있는 것이다. 그 순간에 완전히 몰입한다면, 너희도 행복하고

만족스럽게 살 수 있을 것이다.

행복의 비결도 결국은 내려다보고 내려놓는 것에서 출발하는 것이다.

인생은 짧다. 사람에 눈멀고 조급하게 달리지 말라. 단, 쉬운 결정도 어렵게 해라. 순간의 선택이 평생을 좌우한다. 작은 일도 어렵게 결정하라.

또한 인생은 호사다마다. 잘 나갈수록 조심하고, 위험에 대비하라.

우리가 하는 고민의 96%는 쓸데없는 걱정이다. 고민은 잠시만 하고 항상 웃어라. 그리고 때와 사람을 놓치지 마라. 구하기는 어려운 것이 때와 사람이요, 놓치기 쉬운 것이 또한 때와 사람이다.

과거는 잊고 새로 출발하는 사람처럼 꿈과 희망을 가져라.

미래로 미루지 마라. 바로 오늘부터다. 가장 하고 싶은 일을 오늘 하라.

한 번 뿐인 인생, 후회 없이 살아라. 양철 냄비보다 뜨겁게 살아라. 항상 아등바등 앞만 보고, 위만 바라보고 살면 우리의 인생은 거기에 끌려 다니게 된다. 때로는 아래도 내려다보면서, 때로는 내가 가진 짐을 잠시 내려놓고, 나를 돌아보는 시간을 가져라. 인생이 한층 풍성해질 것이다.

내 삶은 '지금'부터

금 중에서 최고의 금은 '지금'이라 한다.

'지금', 내가 살고 있는 오늘은 어제 죽은 사람들이 그렇게 갈망하던 내일이기도 하다. 지나간 시간은 과거요, 역사다. 이미 나로부터 떠나간 내 시간이 아닌 것이다.

세월은 사람을 기다리지 않는다. 세월부대인(歲月不待人).

그리고 역시 지난 세월은 돌아오지 않는다. 왕이불래자년야(往而不來者年也).

오늘, '지금' 같은 시간은 다시없다. 시간은 한 번 지나가면 그만인 일과성이다.

누구도 그 흐름을 멈출 수 없는 부정지성이기도 하다.

되돌릴 수도 없다. 불복귀성이다.

저장해 두었다 유용하게 꺼내 쓸 수도 없다. 불저축성이다.

부모자식 간에도 시간이나 수명을 주고받을 수 없다. 불대행성이다.

사후 시간은 무의미하다. 미지성이다.

이렇듯 다시없는 '지금'을 당신은 어떻게 쓰고 있는가?

2000년 당시 코카콜라 사장이던 보글레스 이베스터는 신년사에서 이런 이야기를 했다.

"1년의 소중함을 알고 싶으면 입학시험에 떨어진 학생에게 물어보십시오. 1년이라는 시간이 얼마나 짧은지.

한 달의 소중함을 알고 싶으면 미숙아를 낳은 산모에게 물어보십시오. 한 달이라는 시간이 얼마나 힘든 시간인지.

한 주의 소중함을 알고 싶으면 주간잡지 편집장에게 물어보십시오. 한 주라는 시간이 쉴 새 없이 흘러간다는 것을 알게 될 것입니다.

하루의 소중함을 알고 싶으면 일용직 가장에게 물어 보십시오. 하루라는 시간이 얼마나 소중한지. 공치고 허탕치는 하루가 얼마나 안타까운지.

한 시간의 소중함을 알고 싶으면 약속 장소에서 연인을 기다리는 사람에게 물어 보십시오. 한 시간이라는 시간이 정말로 길다는 것을 알게 될 것입니다.

1분의 소중함을 알고 싶으면 기차를 놓친 사람에게 물어보십시오. 1분이라는 시간이 얼마나 소중한지.

1초의 소중함을 알고 싶으면 아슬아슬하게 교통사고를 모면한 사람에게 물어보십시오. 1초라는 그 짧은 시간이 운명을 가를 수 있는 시간이라는 것을 알게 될 것입니다.

천분의 1초의 소중함을 알고 싶으면 올림픽에서 간발의 차이로 은메달을 딴 사람에게 물어 보십시오. 그 짧은 시간이 얼마나 황금 같은지……"

우리의 일생은 하루에 24시간씩 예외 없이 빠져나가는 시간통장이다. 그런데 약속에 늦게 나타난다는 것은 시간 약탈자요, 상대방의 수명을 그만큼 단축시키는 간접살인이다. 우리의 삶은 지금까지가 아니라 지금부터라고 할 수 있다.

우리는 때때로 자신의 과거 때문에 자신의 현재까지 부정하고 미워하는 사람을 보게 된다. 사람은 살아가면서 되돌릴 수 없는 과거를 아쉬워하고 연연해하는 반면, 가장 뜻 깊고 가장 중요한 '지금'이라는 시간을 소홀히 하는 경향이 있다. 과거는 아무리 좋다 하더라도 다시 돌아오지 않는다. 이미 흘러간 물과도 같을뿐더러 그것이 아무리 최악의 것이었다 해도 '지금'을 어쩌지는 못한다.

우리가 깊이 생각해야 할 것은 지나온 시간이 얼마나 훌륭했는가를 되돌아 볼 것이 아니라 앞으로 나에게 주어진 시간을 어떤 마음가짐으로 어떻게 살아갈 것인가를 계획하고 실천하는 것이다. 나 자신이 그토록 바라고 소망하는 미래는 과거에 의해 결정되는 것이 아니라는 사실을 생각해야 한다.

"우리 인생의 목표는 지금까지가 아니라 지금부터이다."

리챠드 칼의 이 말을 우리는 명심해야 할 것이다.

인생은 한 권의 책과 같아서 매일매일 나의 인생이라는 책을 한 페이지씩 써나가는 것과 같다.

일생에 걸쳐 써나가는 그 한 페이지, 한 페이지를 어떤 사람은 아름답게 써나가고 어떤 사람은 힘겹게, 어렵게 써내려간다. 희망의 노래가 쓰여질 때도 있고 절망의 노래를 써 내려가기도 한다. 너무나 많은 일들이 한꺼번에 일어나기도 한다. 이런 것들이 모두 모여 나의 일생이라는 한 권의 책을 만든다.

한 번 쓰여진 이 한 권의 인생의 책은 세상의 어떤 책과도 다르게 고치거나 폐기할 수가 없다. 남이 써줄 수도 없다. 나의 책임, 나의 판단, 나의 노력으로 내가 써 나가야 한다. 모든 것을 나 혼자 외롭게 써나가야 하는 것이 인생의 책이다.

이 인생의 책이 아름답게 완성되기 위해서는 먼저 헤아려주고, 먼저 배려하고, 서로에게, 상대방에게 빛을 주는 사람이 되어야 한다.

"우리는 행복해서 웃는 것이 아니다. 웃기 때문에 행복한 것이다."

윌리엄 제임스의 이 말을 기억하면서 스스로 행복을 만드는 행복제조기가 되자.

그리고 우리에게 주어진 오늘, '지금'이 아무리 힘들더라도 더욱더 용기를 내, 앞에 주어진 또 다른 '지금'을 후회 없이 맞도록 하기 위해 항상 노력하고 환한 미소와 더 큰 웃음으로 다가오는 '지금'인 내일을 맞이하자.

더불어 사는 세상

이 세상은 다른 사람과 함께 더불어 살아가는 것이다.

인도네시아에는 '우파스'라는 나무가 있다. 이 나무는 독을 숨겨 놓은 채 아주 울창하게 자란 후에 자기 밑에 자라고 있는 식물들을 죽인다. 처음에는 다른 식물들에게 안식처를 주고 응달을 만들어 주다가 나중에는 파멸시키는 것이다.

유감스러운 일이지만 사람들 중에도 이러한 이들이 있다. 그런 부류의 사람들은 자기중심적이고, 모든 일을 자신의 공적으로 돌리고 남을 돕는 일에는 도무지 신경 쓰지 않고 다른 사람을 이용하는 것에만 신경을 쓴다. 우파스 나무처럼 주변 사람들이 꽃을 피우며 충분히 발달하고 성장할 기회를 주지 않는다.

우리 모두가 해야 할 선택이 있다.

우리는 우파스 나무처럼 살 수도 있다. 이기적인 독을 내뿜으며 자신만 생각하고 자신이 원하는 것에만 신경을 쓰고 자아도취에 빠진 채 살아 갈 수 있다.

아니면 이 세상을 살아가는 동안 다른 사람에게 손을 뻗어 도와줄 수도 있다.

당신은 어떤 선택을 할 것인가.

인간이란 본디 부족한 존재여서 조금 잘하면 어깨가 으쓱거려지고, 조금이라도 부족하면 서운함과 시기심이 발동되는 것이 인지상정인지라, 불가에서는 이를 자연스런 중생의 삶이라고 한다.

마음이 넓어서 대의적인 삶을 사는 사람은 상대가 서운한 마음을 갖지 않도록 미리 그 감정을 위로하고 체면을 세워주는 데 주저함이 없지만, 마음이 좁아 소인의 삶을 사는 사람은 상대에 대한 배려보다 자신의 감정을 먼저 표현하여 관계를 그르치는 우를 자주 범한다. 특히, 한 가족, 조직, 단체에 소속되어 있어서 오랫동안 만날 수밖에 없는 관계에서 조화를 깨뜨리는 선택은 스스로 불행을 자초하는 것임에도 불구하고 하나를 얻고 둘을 잃는 악수를 두는 것이다.

지금은 상대가 어떠랴 할 수 있지만, 세상의 이치가 돌고 도는 물레방아 같아서, 오늘 등 돌린 상대가 내일 내 인생에 어떤 의미로 등장할지 아무도 모른다. 세상을 그렇게 감정적으로 살다 보면 즐거움보다는 괴로움이 더 많은 인생을 살 수밖에 없다.

혹여 지금까지 관계에서 피치 못할 갈등상대가 있었다면 상대의 관심사에 좀 더 적극적으로 내 마음을 표현하면 어떨까.

이 세상에 존재하는 모든 인간은 스스로 인정받고 존중받고 싶어 한다. 상대의 체면을 세워주는, 진심으로 하는 작은 시도가 친구를 얻게 된다. 할 수 있다면 내가 먼저 기브(Give)하고, 그 다음 테이크(Take)하는 것이 순서이다.

그런데 많은 사람들은 Take하고 난 후에 Give하려다가 관계를 정상화할 수 있는 기회를 영영 놓쳐버리고 만다.

성경에서는 Give and Take를 황금률이라 하여 이것을 일상의 진리로 지키는 자의 창고에는 황금이 넘쳐 난다고 하였다.

마음속에 상대와 비교하고 이기려는 욕심이라는 그릇을 오늘 한 번 비워보면 어떨까?

힘이 잔뜩 들어간 감정을 차분히 가라앉히고 갈등과 미움 그리고 분노를 비워보자. 그리고 엉뚱한 친절을 한 번 베풀어 보자. 엉뚱한 친절을 베푸는 것은 무엇인가를 주면서 아무것도 기대하지 않는 즐거움을 누릴 수 있는 가장 좋은 방법이다.

어떤 사람이 미국의 어느 커피 테이크아웃점에서 많은 사람들과 줄을 서서 기다리는데 자기 차례가 되자, 점원이 "앞에서 지불하셨습니다."라는 소리를 듣고 왠지 기분이 좋아 자신도 뒤에 있는 생면부지의 사람에게 커피값을 지불하고 좋은 기분으로 그 자리를 떠났는데 하루 종일 기분이 좋았다고 한다.

이러한 행동이 하나의 유행이 되어 미국 곳곳에서 통행료를 지불한다든가 음식값을 지불하는 식으로 아무것도 바라지 않는 사심 없는 친절로 스스로 즐거운 하루를 보내는 사람들이 많아졌다고 한다.

한때는 조건 없이 따스하게 포옹해주는 허그 열풍이 불기도 했었는데 이렇듯 친절한 행동은 다른 친절을 연쇄적으로 불러일으키기도 한다.

완벽할 때가 되어 완벽하게 사는 사람도 있지만 오늘 하루, 좀 더 완벽해지기 위해 노력하는 삶이 더욱 아름다운 법.

오늘 하루도 우리 함께 더불어 살면서 아름다운 세상을 만드는 데 일조하는 멋진 하루를 만들어 보자.

미완성(未完成)의 오늘,
미완성(美完成)의 내일로 만들자

사람들은 저마다 어떤 목표를 가지고 살아간다. 크고 막연한 목표부터 금연, 몇 개월 안에 얼마만큼 몸무게 빼기, 운전면허 따기 등 어찌 보면 작고 구체적인 목표까지 대다수 사람들은 그 목표에 도달하기 위해 열심히 노력하면서 살고 있다. 특히 연초가 되면 금연과 다이어트는 많은 사람들이 한 번쯤은 생각해 보는 목표이기도 하다. 그러나 아쉽게도 작심삼일이라는 덫에 걸려 마의 삼일을 넘기지 못하는 경우를 흔히 볼 수 있다. 오죽하면 작심삼일을 쓰라는 문제에 '작은 삼촌'을 쓰는 학생까지 나왔을까?

그래도 하루하루를 아무 생각 없이 사는 사람보다야 낫지 않느냐고 하는 사람도 있지만 목표를 설정하는 것에만 그치지 않고 그것을 성취하는 모습에서 하는 사람도, 보는 사람도 보람이 있지 않을까 한다.

이러한 목표 또는 결심은 자기 자신과의 약속이기도 하다. 친구와 약속을 어기면 우정에 금이 가고, 자식과의 약속을 어기면 존경을 받지 못하며, 손님과의 약속을 어기면 거래가 끊어진다.

그러나 나 자신과의 약속은 꼭 지키지 않아도 큰 문제가 일어나지는 않는다. 담배를 끊어야지, 필요한 자격증을 따야지, 일주일에 책 한 권은 읽어야지, 오늘은 일찍 들어가서 아이들과 놀아 줘야지. 그러나 이런 약속은 누구와도 아닌 나 자신과의 약속이기에 약속을 어겨도 누가 뭐랄 사람은 없다. 약속을 어겼다는 사실을 자신만 알고 있기에 그리고 그 순간 그럴 수밖에 없었다고 스스로를 용서하기에 자신과의 약속은 별로 부담을 느끼지 않는다.

그러나 내가 나를 기만하고 배신하게 되면, 내가 나를 못 믿는다면 세상에는 나를 믿어 줄 사람이 한 사람도 없게 된다. 따라서 우선 나 자신과 약속을 먼저 지키는 것이 가장 중요하다.

프랑스 철학자 알랭은 말했다.
"다리를 움직이지 않고는 좁은 도랑도 건널 수 없다. 소원과 목적이 있으되 노력이 따르지 않으면, 아무리 환경이 좋아도 소용이 없다. 비록 재주가 뛰어나지 못하더라도 꾸준히 노력하는 사람은 반드시 성공을 거둘 것이다."

땀은 배신하지 않는다. 노력을 이기는 천재는 없다. 평범하지만 꾸준히 실행하는 사람이 게으른 천재를 이기는 것이다. 실력은 꾸준한 노력의 다른 이름이다.

'우공이산'이라는 말이 있다. 어떤 일이든 끈기를 가지고 노력한다면 마침내 성공에 이른다는 말로 열자의 '탕문편'에 기록되어 있다.
이 고사의 유래를 살펴보면,
중국 황허강 하류에 높은 두 산이 있었는데 그 산 계곡에 북산 우공이라는 노인이 살고 있었다. 그런데 산이 높고 깊어 외지에 나가기가 여간 힘든 게 아니었다. 그래서 우공이 네 명의 아들들과 함께 산을 허물어 길을 뚫기 시작했다. 한 번 흙을 버리고 오는 데만 꼬박 일 년이 걸렸다고 한다.

그러나 주변에서 누가 말려도 듣지 않고 계속해서 그 일을 했고, 이에 감탄한 산신이 천제에게 고해 그 산을 딴 곳으로 옮겼다는 이야기이다.

현대판 우공이산 이야기도 있다.

어떤 인도 사람이 산골에 살다 아내가 다쳐 병원에 가지 못해 죽자 산에 길을 내기 시작했는데 무려 22년에 걸쳐 110m의 길을 뚫어 병원까지 가는 길 55Km가 15Km로 단축되어 많은 사람이 그를 칭송하고, 편리하게 길을 이용하고 있고, 영화로까지 제작한다고 한다.

노력만큼 정직한 것은 없다. 아무리 힘든 일도 노력하면 언젠가는 이루어지기 마련인 것이다.

목표를 이루기 위해서는 철저한 계획과 용기 있는 실행의지가 필요하다. 먼저 목표를 정하고 계획하는 행위가 습관이 될 때까지, 목표가 달성될 때까지 지속적으로 해야 된다.

다음으로는 실행력을 높이는 것이다. 실행력을 높이는 방법은 구체적인 실행 안들을 준비할 때 가능하다. 작심삼일 한다거나, 두세 달 후, '아차! 목표를 세웠었지.' 하면 안 된다. 실행력에 초점을 맞추고 노력하다보면 자연스레 집중력이 배가되고, 집중력이 배가되면 결과가 좋아진다. 작심삼일이란 나약한 의지는 자기관리에 의한 실행력을 키우다 보면 자연스럽게 사라지고 이루고자 하는 것이 무엇이든 내 의지대로 그것을 성취할 수 있다.

나에게는 운이 없어, 또는 나에게 로또 1등의 행운이 찾아와 준다면 하고 바라는 사람이 있다. 여기에서 운은 그냥 어쩌다 스쳐지나가는 것이지만 행운은 자신이 만드는 것이다.

아무리 운이 좋은 사람이라도 로또 복권을 사지 않는데 어떻게 1등에 당첨이 되겠는가? 이렇듯이 여기에서 행운에 비유했지만 행운도 하나의 목표이고, 그 목표를 이루기 위해서는 실행을 해야 한다는 것이다.

장애물이 있다고 되돌아가지 말고, 난관 앞에서 달아나려고 하지 말라. 강물은 흘러가다가 바위를 만난다고 해서 물길을 되돌아 거슬러 올라가지 않는다. 동물의 뿔이 가장 연약한 살을 찢고 나오듯이 나에게 약점이나 장애가 있을 때 그로 인해 좌절하지 말고, 그것 때문에 할 수 없다고 변명하지 말고, 오히려 그 약점을 발판으로 삼아 앞으로 나아가야 한다. 살이 찢기는 고통을 감내한 자만이 아름다운 뿔을 가질 수 있다.

흔히 사람들은 실패가 두려워 시도를 하지 않는 경우가 종종 있다. 실패는 성공으로 나아가는 징검다리일 뿐이다. 단 한 번의 실패에 좌절하고 주저앉는 사람도 있다.

하지만 실패 없이 인생을 살아가는 사람은 아무도 없다.

실패란, 인생이란 길을 가다보면 만나는 수많은 징검다리에 지나지 않는다. 실패라는 징검다리를 건너지 않고는 결코 바라는 바를 이룰 수 없다. 실패를 두려워하지 않는 도전정신이야말로 성공의 지름길이다.

요즘 나오는 공익광고를 보면 '제2의 장미란이 되지 말라.'라는 광고

카피가 눈에 들어온다.

제2의 장미란, 제2의 김연아가 되기보다는 장미란이나 김연아처럼 어떤 목표를 세우고 그들처럼 죽기 살기로 노력해서 내 이름을 걸고 우뚝 서는, 즉 나의 가치를 세우라는 그런 의미의 메시지이다.

나는 그냥 나 자신이면 된다. 누구를 닮을 필요도 없고 누구와 같이 되려고 애쓸 것도 없으며, 누구처럼 되지 못했다고 좌절할 것도 없다. 나의 능력에 따른 최선의 노력만이 나를 만드는 것이다.

능력이 있으나 기회가 없다는 말은 게으른 사람의 변명이며, 그 자신이 비활동적이거나 나태하다는 말과 같다.

많은 이가 희망차게 목표를 세우지만 목표로 끝나고 만다.

많은 이가 어떤 행동을 기도하지만 행하지는 않는다.

많은 이가 계획을 세우지만 실행하지는 않는다.

행동하라!

아무 말 없이 행동하라. 사람들은 그대가 하는 말보다 행동에 더 박수를 보낸다. 작은 행동이 새로운 인생을 만든다.

행동을 성공의 출발점으로 삼고 지금 바로 시작하라. 그래서 미완성(未完成)의 오늘을, 미완성(美完成)의 내일로 만들어라.

배려하는 마음

10월, 본격적으로 단풍이 들기 시작하면서 오곡백과가 무르익고 가을의 정취가 물씬 풍기는 풍요의 달이다. 이 풍요의 달에 넉넉한 마음을 가지고 남을 배려하는 마음을 가져보도록 하자.

옛날부터 조상들이 한 구덩이에 콩 세 알을 심는 이유는, 하나는 땅속의 벌레 몫이고, 하나는 새와 짐승의 몫이고, 나머지 하나가 사람 몫이라고 생각했기 때문이다. 벌레와 새와 사람이 모두 자연의 주인이며, 함께 공존하며 살아야 할 동반자로 보았던 조상들의 배려하는 마음은 오늘날 이기주의에 빠진 현대인들의 배려하는 마음이 없는 좁은 마음을 부끄럽게 만든다.

이 콩 세 알을 심는 아름다운 조상들의 미덕이 이제는 먼 옛날의 잃어버린 미덕이다.

자연과의 관계는 고사하고 사람들끼리조차, 이웃끼리조차도 날로 각박해져 숨 쉴 틈이 없는 현실이 되어 안타까울 뿐이다.

나만이 아닌 함께 나누며 사는 여유, 배려하는 마음, 이러한 것을 얼른 되찾아야 하겠다.

고추가 풍년이 들려면 고추가 익는 8~9월에 비가 오지 않아야 한다. 그러나 이 시기에 비가 안 오면 배추는 타격이 크다.

도토리가 많이 달리는 해에 벼농사는 흉년이 든다. 도토리나무가 꽃 피는 5월경에 비가 적으니 꽃가루받이는 잘 되지만, 가물어 모를 낼 수 없으니 벼농사는 흉년이다.

반대로 이 시기에 비가 많이 내리면 도토리나무 꽃가루는 비에 젖어 날릴 수 없으니 도토리는 흉년이 될 수밖에 없다.

벼농사가 흉작으로 기근이 오면 부잣집에서는 도토리를 비싼 값으로 농민들에게서 사 들여 이것으로 죽을 쒀서 동네 사람들에게 나누어 먹여 한해를 나기도 했다고 한다. 이 또한 조상들의 아름다운 배려의 미덕이 아니었나 싶다.

알다시피 자연의 이치에 따라 모든 작물이 풍년이 들 수가 없는 것이어서 이러한 배려와 나눔이 없이는 사람이 살아 갈 수 없다. 사람 사는 세상의 이치도 고추농사와 같아서 풍년이라고 너무 좋아할 것도 없고, 흉년이라고 해서 너무 슬퍼할 것도 없다. 한 쪽이 안 좋을 때, 다른 쪽의 좋은 면을 바라보며 사는 것이 바로 기쁨이고 행복이 아닌가 싶다. 그런 세상이 참 아름다운 세상이다.

- 나의 자유가 중요하듯이 남의 자유도 나의 자유와 똑같이 존중해 주는 사람
- 남이 실수를 저질렀을 때 자기 자신이 실수를 저질렀을 때의 기억을 떠올리며 그 실수를 감싸 안을 수 있는 사람
- 남이 나의 생각과 관점에 맞지 않다고 해서 그것을 옳지 않은 일이

라 단정 짓지 않는 사람

· 나의 사랑이 소중하고 아름답듯 그것이 아무리 보잘 것 없이 작은
것이라 할지라도 타인의 사랑 또한 아름답고 값진 것임을 잘 알고
있는 사람

· 잘못을 저질렀을 때는 '너 때문에'라고 남의 탓을 하는 것이 아니
라 '내 탓이야'라며 멋쩍은 미소를 지을 줄 아는 사람

· 기나긴 인생길의 결승점에 1등으로 도달하기 위해 다른 사람을 짓
밟고 올라서기보다는 비록 조금 더디 갈지라도 힘들어 하는 이의
손을 잡아 당겨주며 함께 갈 수 있는 사람.

· 받은 것들을 기억하기보다는 늘 못다 준 것을 아쉬워하는 사람

이런 사람이야말로 참으로 남을 배려할 줄 아는 진정 아름다운 사
람이다.

이 가을, 풍요로운 계절을 맞이하여 우리 모두 남을 배려하는 아름
다운 사람이 되도록 하자.

산다는 게 뭔지

에휴~ 산다는 게 뭔지······.

어떻게 보면 약간의 부정적인 뉘앙스가 풍기는 말이다. 아마 살아오면서 이 한마디 안 해본 사람은 없을 것이다.

나고, 살고, 죽고 사람에겐 이 세 가지. 어떻게 보면 정말 삶이란 게 단순한 것인데, 사람들은 그 과정을 거치면서 희, 로, 애, 락을 경험하며 산다. 어떤 사람은 인생을 즐겁게 살다가고, 또 어떤 사람은 정말 힘들게 삶을 살다간다. 살다가 보면 이렇듯 힘든 일도, 즐거운 일도, 바쁜 일상도 있게 마련인 것이다.

이럴 때 골프공 이야기를 떠올려 보자.

한 교수가 철학 강의를 시작하면서 교탁 앞에 놓여있던 입구가 넓은 유리병을 들고서 그 안을 골프공으로 채우기 시작했다.

그리고는 학생들에게 이 병이 꽉 차 있는지 물었다.

학생들은 그렇다고 대답했다.

그러자 그 교수는 자잘한 조약돌을 한 움큼을 집어 그 병 안에 집어 넣었다. 그리고 가볍게 그 병을 흔들었다. 조약돌은 골프공 사이의 공간으로 들어갔다.

또 다시 교수는 학생들에게 이 병이 가득 차 있는지 물었다.

학생들은 역시 그렇다고 대답했다.

그 교수는 다음으로 모래 한 움큼을 집어 그 병 안에 부었다.

마찬가지로 모래는 빈 공간을 채웠다.

그는 다시 한 번 이 병이 가득 차 있는지 물었다.

학생들은 단호하게 "네!"라고 대답했다.

그러자 이번에는 교탁 아래에서 커피 한 잔을 꺼내 유리병에 모두 부었고, 커피는 모래 사이의 공간을 모두 채웠다.

학생들은 웃기 시작했다.

웃음이 가라앉자 교수가 말했다.

"나는 자네들이 이 병이 자네들의 인생임을 알았으면 하네. 골프공은 매우 중요한 것들을 의미하네. 자네들의 가족, 자녀, 자네들의 믿음, 건강, 친구 그리고 자네들이 가장 좋아하는 열정 말이네. 자네들 인생에서 다른 것들이 모두 사라지고 이것들만 남는다 해도, 그 인생은 꽉 차 있을 것이네. 조약돌은 문제가 되는 다른 것들이네. 자네들의 직업, 집 그리고 차 같은 것들이지. 모래는 그 외 모든 것들이지. 작은 것들 말이야. 만약 자네들이 모래를 병 속에 가장 먼저 넣는다면……."

그는 계속해서 말했다.

"그렇다면 조약돌이나 골프공이 들어갈 자리는 없을 것이네. 인생도 이와 같네. 자네들이 자네들의 시간과 힘을 그 작은 것들을 위해 써버리면, 평생 자네들에게 중요한 것이 들어갈 공간이 없을 게야. 자네들의 행복을 결정짓는 것에 집중하게. 아이들과 시간을 보내게. 낚시를 가도 좋고, 건강검진을 위한 시간도 갖게. 배우자와 함께 저녁을 먹으러 나가게. 좋아하는 운동을 하게. 언제나 집을 치우고 고장 난 것을 고칠 시간이 있을 거네. 그러나 가장 중요한 골프공을 먼저 생각하게. 삶의 우선순위를 정하게. 그리고 남은 것들은 그냥 모래일 뿐이네."

그러자 학생 중 한 명이 손을 들고 커피는 무엇을 의미하는지 물었다.

교수는 미소를 지으면서 이렇게 대답했다.

"물어봐줘서 고맙네. 이건 단지 자네들의 인생이 얼마나 가득 찼든지 간에, 언제나 친구와 커피 한 잔할 여유는 있어야 한다는 것을 보여주는 것이네."

이 이야기를 들으면서 많은 공감을 했는데 아마 이 이야기가 여러분에게도 공감이 되었을 거라 생각한다.

우리가 살아가면서 무엇을 먼저하고, 무엇이 중요한가를 판단하는 것은 매우 중요하다.

내가 생각했던 중요한 것이 어쩌면 유리병 안의 골프공 사이를 채우는 모래가 아니었는가? 과연 내 인생의 골프공은 무엇인가 하는 의문이 들게 하고 다시 한 번 나의 삶을 생각하게 하는 이야기가 아닌가 싶다.

세상을 살아가는 동안에 작은 것에 연연한다면 그야말로 소탐대실이라 아니할 수 없다. 따라서 우리는 작은 것을 얻고 큰 것을 잃지 않기 위해서는 내 안의 자아, 즉 의식을 업그레이드 해야만 하는데, 먼저 참회와 반성의 시간을 가져야 한다.

평소와 다름없이 일하고 사람들을 만나는데 문득 가슴속에서 '이게 아닌데', '왜 사나'와 같은 질문이 마음속으로부터 나올 때가 있다. 이 질문에 귀 기울이다 보면 '지금까지의 삶은 내가 원하는 삶이 아니었어.' 하는 마음이 들면서 내면의 나를 돌아보는 계기가 된다.

그 다음으로는 그러한 나를 스스로 믿고 마음이 가는 데로 실천을 위한 노력을 하고, 나는 할 수 있다는 믿음을 가져야 한다. 나를 믿고 내가 원하는 바를 간절히 원하고 노력할 때 비로소 내가 그 일을 실현할 수 있는 힘이 생기게 된다.

그러나 내가 원하는 바를 원한다고만 해서 이루어지지 않는다. 바로 실천이다. 실천을 통해 성취를 경험할 때 진정한 나를 이루게 된다. 그렇다고 해서 언제나 성공하기만을 바라지 말라. 성공을 위한 목표를 설정하고 그 목표를 향해 한 발 한 발 딛는 그 모습만으로도 절반의 성공은 이룬 것이다.

이렇듯이 내 스스로 하고자 하는 마음과 실천이 나를 변하게 하고 한층 업그레이드된 의식, 즉 긍정적인 마인드로 변화시킨다. 이 긍정적인 마인드가 '산다는 게 뭔지'라는 자조 섞인 말에 대한 해답을 줄 수 있다.

'일체 유심조라'는 말이 있다.

《화엄경》에 나오는 말로 원효대사가 천축으로 가는 구도 여행길에서 날이 저물자 동굴에 들어가 잠을 자다가 잠결에 목이 말라 머리맡에 있던 물을 너무 달고 시원하게 마셨는데 아침에 일어나보니 그 물은 해골에 고인 썩은 물이라는 걸 알게 되었다. 거기에서 크게 깨달음을 얻은 원효는 모든 것은 마음에서 비롯된다는 '일체 유심조'의 진리를 깨우쳤는데, 이는 세상사 모든 일은 마음먹기에 달렸다는 말이다.

'산다는 게 뭔지'라는 의문이 생길 때 이 '일체 유심조'를 한 번 되뇌어 보자.

아름다운 사람

우리 주변에는 많은 아름다운 사람들이 있다. 세상이 각박하고 힘들 때일수록 오히려 아름다운 사람들이 많아 보인다. 아름다운 사람들은 세상을 볼 때 작은 것에 감사하고, 작은 것에 섬세한 눈길을 보내며 낮은 곳에 눈높이를 맞추려 노력한다.

큰 것을 보는 데는 힘이 들어서 그럴까?

큰 것은 욕심이 생겨서일까?

아름다운 사람은 아이들과도 같은 순수한 마음을 가지고 세상을 바라본다. 그러한 사람들이 있다는 것은 우리를 기쁘게 하고 힘을 내게 한다. 작은 것에 눈을 맞추는 키 작은 마음, 따뜻하고 다정한 마음…….

- 서로 마음이 지쳐있을 때 마음 든든한 사람이 되고, 때때로 힘겨운 인생의 무게로 마음이 막막할 때 위안이 되는 아름다운 사람
- 누군가 사랑에는 조건이 따른다지만 그 바람이 지극히 작은 것이게 하고, 그리하여 더 주고 덜 받음에 섭섭해 말며, 문득 스치고 지나는 먼 기억 속에서도 서로 기억마다 반가운 아름다운 사람
- 어쩌다 고단한 인생길 먼 길을 가다 어느 날 불현듯 지쳐 쓰러질

것만 같은 때 서로 마음 기댈 수 있는 아름다운 사람

· 견디기엔 슬픔이 너무 클 때, 언제고 부르면 달려올 수 있는 자리에 오랜 약속으로 머물길 기다리며 더없이 간절한 그리움으로 눈 시리도록 바라보고픈 그런 사람

· 서로 끝없이 기쁜 아름다운 사람

우리에게는 그런 아름다운 사람이 필요하고 또 내가 그 아름다운 사람이 되어야 한다.

'자리이타(自利利他)'라는 말이 있다.

이 말은 남이 잘 되도록 도와줘라, 남이 잘 돼야 나도 잘 된다는 말이다. 남도 이롭고 나도 이로운 이 한마디 말이 바로 건전한 삶의 윤리가 아닌가 싶다. 이런 자리이타의 마음을 잘 표현한 글이 있다. 바로 송암스님의 법문이다

남을 이롭게 하면 내가 편해요
송암

요즘 세상 살기가 어려워서 그런지 나를 찾아오는 사람이 많습니다.

산 속에 가만히 앉아있어도 올 사람은 오는 법입니다.

사람들이 나한테 와서 한결같이 묻는 것이 "어떻게 살면 잘 사는 겁니까?" 하는 겁니다.

그러면 나는 이렇게 답해줍니다.

"네가 싫어하는 거 남한테 하지 마라."

좋아하는 것을 못해줄망정 자기가 싫어하는 것을 남한테 하지 말라고 합니다.

내가 싫어하는 일을 남한테도 하지 않게 하면 어떻게 되겠습니까.

남이 나를 원망할 일이 없으니 마음이 편해집니다.

또 하나는 남이 잘못하는 것 무조건 용서해주십시오.

남을 미워하고, 욕하고, 원망하다보면 밤잠을 잘 못자고 밥을 먹어도 소화가 잘 안됩니다.

그러면 어떻게 됩니까. 병이 드는 것은 정해진 수순입니다.

잘못하긴 남이 잘못했는데 내가 괴롭고, 병은 나한테 생기니 얼마나 바보 같은 짓입니까.

그렇게 말을 해주면 대부분의 사람들은 남의 잘못을 용서하는 일이 얼마나 힘든데 그렇게 쉽게 말씀을 하시느냐고 큰소리칩니다.

그렇지만 생각을 한 번 해보세요.

남을 용서하는 데 돈이 듭니까? 노동력이 듭니까?

뭐가 힘이 들어 어렵다는 건지 도통 알 수가 없어요.

그냥 무조건 용서하면 됩니다.

용서는 곧 한 사람을 제도하는 겁니다.

그렇다고 억지로 참으면 안 됩니다. 그냥 털어버리면 됩니다.

지금 살고 있는 것도 어차피 꿈속인데 집착할 일이 없다는 것을 깊이 인식해야 합니다.

그래도 미워하는 사람이 밉다는 생각이 지워지지 않고 계속 올라오면 그 생각을 일으키는 너는 전부 잘 하기만 했느냐고 스스로 되물어보세요.

사람마다 부처님이 그 안에 있습니다.

사람 사람마다 가지고 있는 양심이 바로 부처입니다.

양심이 있으니까 자기가 잘못한 것은 알고 안에 있는 부처님이 알아서 잘못을 뉘우치고, 잘해야지 하는 생각도 하게 돼 있습니다.

그러니 잘못하는 사람을 보면 불쌍히 여기고 용서해줘야 합니다.

그리고 부처님과 선지식만 스승이 아닙니다.

잘못하는 사람도 스승인 줄 알아야 합니다.

나는 저렇게 살지 말아야지 하고 깨우치게 해주니 더 큰 스승이지요.

불평불만에 가득 차서 세상을 바라보면 온통 지옥이지만 좋은 것이든 미워하는 것이든 집착하는 마음이 없으면 처처가 극락입니다.

내가 극락에 가고 싶으면 극락에 가도록 마음을 써야지 부처님한테 애걸복걸 빈다고 극락에 보내 주지 않아요.

종교에도 노예가 되지 말아야 합니다.

맹신과 광신이 아닌 제 정신을 차리고 세상을 바로보고 바르게 행하라는 것이 부처님 가르침입니다.

제악막작(諸惡莫作), 중선봉행(衆善奉行)이라는 간단한 말 속에 불법의 가르침이 모두 들어 있습니다.　．

온화한 말과 밝고 환한 웃음을 지으며 사십시오.

나는 당신만 보면 마음이 편안해진다는 말을 들을 정도로 남을 이롭게 하려는 원을 세우고 살아가 보십시오.

그렇게 하면 남을 위하는 일 같지만 결과적으로는 내 마음이 편안해집니다.

그게 바로 극락입니다.

우리가 인생을 살아가면서 때로는 어려울 때가 많이 있다. 이럴 때 따뜻한 마음이 담긴 작은 한 마디 말, 진심이 담긴 작은 행동이 어려움에 처한 타인에게는 정말 큰 힘이 되는 경우가 있다.

- 손잡는다고 넘어지지 않는 건 아니지만 손 내미는 당신…….
- 응원한다고 힘든 삶이 쉬워지는 건 아니지만 힘내라는 말, 잘 한다는 말하는 당신…….
- 일으켜 준다고 상처가 아무는 건 아니지만 일으켜주고 흙 털어주는 당신…….
- 목이 마르다고 당장 죽는 건 아니지만 아끼던 물병 건네주는 당신…….
- 혼자 간다고 다 길 잃는 건 아니지만 기다려준 당신…….
- 말 한마디 안 한다고 우울해지는 것은 아니지만 말 건네준 당신…….

이름도 모르고 나이도 모르는 생면부지의 사람에게 당신이 보여준 이런 아름다운 모습들…….

당신이 바로 아름다운 사람이다.

오늘을 지혜롭게 사는 법

매일매일 우리는 아름다운 꿈을 꾸고 그 꿈을 실현시켜 행복하게 살기를 원한다. 어쩌면 반복되는 일상에서 이러한 꿈은 그냥 꿈일지라도 우리에게 희망과 기대감을 가지게 하고 지루하지 않은 오늘을 보낼 수 있게 한다.

우리가 오늘을 보람있고 알차게 보내기 위해서, 또 앞을 알기 위해서는 뒤를 보고 뒤를 알기 위해 앞을 보기도 해야 한다.

옛날 말에 대해서는 타의 추종을 불허하는 백락이라는 사람이 두 사람의 제자에게 뒷발길질을 잘하는 말을 골라보라 하였다.

한 사람은 말의 앞다리를 살펴보고 한 마리를 골라왔다.

다른 한 사람은 말의 뒷다리를 살펴보고 한 마리를 골랐다.

뒷다리를 살펴보고 말을 고른 사람은 자기가 말의 엉덩이를 몇 번이나 툭툭 쳤는데도 뒷발길질을 하지 않자 말을 잘못 골랐다고 생각했다.

그러자 앞다리를 보고 말을 고른 사람이 이렇게 말했다.

"그 말이 뒷발길질을 하지 않는 이유는 어깨가 휘어져있고 앞다리에 종기가 있습니다. 말이 뒷발길질을 하기 위해서는 앞다리에 의지해야 하는 법인데 종기가 나있는 앞다리로는 몸을 지탱할 수 없기 때문에 뒷다리를 차올리지 못한 것입니다."

이 사람은 뒤를 보기 위해 앞을 본 것이다.

우리가 살아가는 데 있어 앞으로 간다고 앞만 본다면 실수를 할 수도 있는 것이다. 앞으로 간다고 앞만 보는가? 뒤를 돌아보지 않으면 앞으로 가는지 옆으로 가는지를 알 수가 없다. 세상일은 이러한 이치로 돌아가고 있다.

앞을 알기 위해 뒤를 보는 사람은 지혜롭다.

또 사람은 쥘 때와 펼 때를 알아야 한다.

아프리카의 원주민들은 원숭이를 사로잡을 때 나무 밑동에 손이 간신히 들어갈 정도로 작은 구멍을 파고 그 속에 땅콩이나 과일 따위를 넣어둔다. 그러면 원숭이가 손을 넣어 먹을거리를 잡고 손을 빼려하면 구멍이 좁아서 손을 빼지 못하고, 결국은 사람 손에 잡히고 만다. 손을 펴서 가지고 있던 먹을거리를 포기하면 잡히지 않는데 원숭이는 그걸 포기하지 못하고 애를 쓰다가 모든 것을 잃게 되는 것이다.

움켜 쥘 줄만 알고 펼 줄을 몰라 스스로 자기욕심의 희생양이 되는 것이 어찌 원숭이뿐이겠는가. 세상사의 모든 비극이 쥘 때와 펼 때를 알지 못해서 일어난다. 두루 살피는 지혜와 쥘 때와 펼 때를 아는 지혜야말로 우리가 진정으로 잘 알고 실천해야 할 오늘을 지혜롭게 살아가는 방법이다.

여기에 더해 진정으로 마음을 나눌 사람이 있으면 오늘을 살아가는
데 더할 나위가 없을 것이다.

법정스님의 글 중에 만남과 마주침이라는 글이 있다.

살아있는 영혼끼리 시간과 공간을 함께 함으로써 서로가 생명의 환희를
누리는 일을 만남이라고 한다면, 생명의 환희가 따르지 않는 접촉은 마주침
이지 만남이 될 수 없다.

우리가 진정으로 만나야 할 사람은 그리운 사람이다.

한 시인의 표현처럼 '그대가 곁에 있어도 그대가 그립다'는 그런 사람이다.

곁에 있으나, 떨어져 있으나 그리움의 물결이 출렁거리는 그런 사람과는 때
때로 만나야 한다.

그리워하면서도 만날 수 없으면 삶에 그늘이 진다.

그리움이 따르지 않는 만남은 지극히 사무적인 마주침이거나 일상적인 스
치고 지나감이다.

마주침과 스치고 지나감에는 영혼의 메아리가 없다.

영혼의 메아리가 없으면 만나도 만난 것이 아니다.

우리가 사람을 만남에 있어서 어쩔 수 없는 마주침이 많이 있다.

그러나 부정적인 영향을 줄 수 있는 사람과는 많은 시간을 보내지
말아야 한다. 부정적이고 비관적이며, 시간을 낭비하고 자기 파괴적인
행동을 하는 사람은 부정적인 영향을 주기 때문이다.

여기에 더해 오늘을 지혜롭고 행복하게 살기 위해서는 중요하지 않은 것에 시간을 낭비하지 않아야 한다. 우리는 정말 중요한 일을 미루고, 피하기 위하여 그다지 중요하지 않은 일에 매달리는 경향이 많이 있다.

또 하나의 목표를 달성할 때마다 자신에게 상을 주라. 그리고 가장 중요한 일부터 해결하라.

일을 할 때에는 혼자서 하지 말고 일을 나누어라. '백짓장도 맞들면 낫다.'라는 속담도 있다. 당신은 슈퍼맨이 아니다.

오늘을 지혜롭게 산다는 것, 궁극적으로는 행복한 삶을 사는 것으로 귀결될 수 있다.

행복하기 위해서 우리는 웃는 연습을 할 필요가 있다. 설사 웃을 기분이 아니더라도 거울을 보면서 잠시라도 웃어보자. 그러면 정말 좋은 기운이, 즐거운 마음이 생길 것이다.

"웃어라, 우리는 행복하기 때문에 웃는 것이 아니다. 웃기 때문에 행복한 것이다."

팍팍한 일상, 웃음으로 행복을 만들어가자.

지금
내 인생을 재단하라

오늘은 어제 죽은 사람의 내일, 그리고 오늘 지금은 내가 살아가야 할 나머지 날의 시작, 첫째 날이기도 하다.

지금 여기에서, 지금 가진 것으로, 지금 할 수 있는 일을 하라. 목표를 크게, 높게 잡는 것도 중요하지만 그렇게 되면 커다란 벽을 마주한 것처럼 답답하고 지루해질 수도 있다. 일단 지금 할 수 있는 작은 목표부터 잡는 것이 좋다. 하나하나 성취할 때마다 계속해 나갈 수 있다는 의욕이 샘솟는다. 성공하는 기분을 느끼면 놀랍도록 의욕이 넘칠 것이다.

지금 이 순간을 아름답게 살아라. 매 순간 깨어있는 마음으로 아름다운 삶을 살아가려면 내 스스로 내 인생을 재단하라.

과거나 미래에서 길을 잃고 헤매지 말고 지금 이 순간을 신중하게 재단하라. 당신이 지금 미래를 걱정하거나 두려워하고 불확실해 한다면 그 만큼의 시간과 삶을 잃어버리는 것이다. 삶 자체에만 집착하기 때문에 자신을 잃어가고 있는 것이다.

나 자신을 믿어라. 자신감이 힘이다. 자신은 이 세상에 하나뿐인 존재이다. 나만이 할 수 있는 일이 있다. 긍정적이고 적극적인 사고를 가지고 인생을 자신의 것으로 재단해서 참다운 나로 살아가고, 나만이 할 수 있는 일을 찾아 열심히 노력하며, 체면을 벗어 던지고, 눈치를 보지 말고 내 길을 가면 되는 것이다.

인간적인 나 자신의 삶을 영위하자.

삶을 배우기 위해 슬픔이 필요할 수도 있다.

삶을 배우기 위해 고통이 필요할 수도 있다.

삶을 배우기 위해 좌절이 필요할 수도 있다.

슬픔도 인생의 일부이며 고통도 인생의 일부이다. 좌절도 인생의 일부이다.

슬픔을 가슴에 안아보라. 고통도 가슴에 안아보라. 좌절도 가슴에 안아보라.

그러고 나서 그 모든 것을 가슴에서 지워라.

자신을 슬픔으로, 고통으로 그리고 좌절로 구속하지 마라.

슬픔이나 고통이나 좌절을 마음에 담아두지 마라.

기쁨을 빼앗아 가는 것이 슬픔이고 고통이다. 좌절은 삶을 어긋나게 하여 인생을 포기하게 하는 암이다. 이러한 것을 극복할 때 절대 필요한 것이 사랑이다.

우리 모두 사랑을 하여 사랑을 주는 데 인색하지 말자.

그리고 '고맙습니다, 수고했습니다, 미안합니다, 괜찮습니다.'라는 말을 많이 사용하자. 사랑은 이웃과 기쁨을 나누는 일이다. 기쁨을 나누는 삶, 얼마나 아름답고 축복받을 일인가.

기쁨을 나누며 일하고, 사랑을 나누며 사는 인생, 이런 멋진 인생을 재단하라.

조선시대에 '천자문'을 떼고 나면 '계몽편'을 읽었다 한다. 그 말미에 구용, 즉 아홉 가지 몸가짐에 대한 가르침이 있다.

우리가 인생을 아름답게 재단하는 데 꼭 필요한 자와 가위가 되는 이야기들이다.

먼저 족용중(足容重)이다. 발을 무겁게 하라는 말로써 처신을 가볍게 하지 말라는 말이다.

두 번째로 수용공(手容恭)이다. 이는 손을 공손히 하라는 말로 인간은 손을 쓰는 존재인데 손이 잘못 쓰이면 조폭도 되고 남을 갈취하는 손이 되지만, 손을 제대로 쓰면 누군가를 도와주는 일이 된다는 말이다.

세 번째는 목용단(目容端)이다. 이는 눈을 단정히 하라는 말로 단정한 눈으로 세상을 바로 보는 힘을 가지고 나아갈 방향을 분명히 보라는 말이다.

네 번째로는 구용지(口容止)이다. 이는 입을 함부로 놀리지 말라는 말로 물고기가 입을 잘못 놀려 미끼에 걸리듯, 사람도 입을 잘못 놀려 화를 자초한다. '입 구(口)'자 세 개가 모이면 '품(品)'자가 된다. 자고로 입을 잘 단속하는 것이 품격의 기본이다.

다섯 번째는 성용정(聲容靜)이다. 이는 소리를 정숙히 하라는 말로 우리 사회는 언제부터인가 목소리 큰 사람이 이기는 것으로 되어버렸다. 그러나 빈 통이 요란하다는 말이 있듯이 목소리가 큰 것은 속이 비어 있다는 말이 된다. 자고로 소리 요란한 것치고 제대로 된 것은 없다.

여섯 번째는 기용숙(氣容肅)이다. 이는 기운을 엄숙히 쓰라는 말로 기 싸움은 무조건 기운을 뻗친다고 이기는 게 아니고 때와 장소를 가리라는 말이다. 특히 가장 혹은 리더가 혼자서 기를 쓰면 다른 사람은 복지부동하게 된다.

일곱 번째는 두용직(頭容直)이다. 이는 머리를 곧게 세우라는 말로 어떤 어려움이 있어도 좌절하지 말고 머리를 꼿꼿하게 세워 하늘을 보고 아직은 끝이 아니다, 끝인 듯 보이는 거기가 곧 새 출발점이라는 생각을 가지라는 뜻이다.

여덟 번째는 입용덕(立容德)이다. 이는 서있는 모습에 덕이 있게 하라는 말로 있을 자리와 물러설 자리를 아는 것이다. 즉, 진퇴를 분명히 하라는 것이다. 좋은 자리를 차고 앉아 있어도 초라한 사람이 있고, 자리에서 물러나도 당당한 사람이 있다.

아홉 번째는 색용장(色容莊)이다. 이는 얼굴빛을 씩씩하게 하라는 말로 얼굴에 화색이 돌게 하려면 무엇보다도 근심과 걱정이 없어야 되고, 자신이 원하는 바가 잘 풀려야 된다. 하지만 힘들다고 얼굴을 찡그리면 얼굴에 화색이 없어진다. 긍정과 낙관이 부정과 비관을 이기게 해야 된다.

내 인생을 제대로 재단하고 싶다면 열정이 있어야 한다. 열정은 마음의 산물이다. 열정은 멋진 꿈을 가진 사람을 도와주는 일이다. 열정은 확신을 주고 평범한 사람을 뛰어난 사람으로 만들어 준다.

또한 나의 열정이 다른 사람에게도 전파되고 결국에는 나의 열정에 감화되어 나의 꿈을 실현하는 데 도움을 준다.

세상일은 무엇이든지 결심한 대로 된다. 만일 당신이 '나는 세상에서 가장 중요한 사람이 될 것이다.'라고 결심한다면, 당신은 정말로 중요한 사람이 될 것이다. 만일 당신이 '나는 할 수 없어.'라고 생각한다면 당신은 아무것도 이룰 수 없을 것이다. 만일 당신이 '최선의 노력을 다해야지.'라고 굳게 마음먹는다면 당신 앞에는 놀랄 만한 일이 생길 것이다.

당신은 어떤 생각을 가지고 인생을 살아왔는가. 좌절과 고통을 극복할 수 없는 절대적인 것이라고 생각하지는 않았는지 자신을 뒤돌아보고 열정과 신념으로 자신을 재무장해보라.

자, 이제 열정과 신념으로 재무장된 당신. 당신의 힘과 당신의 생각으로 당신의 인생을 아름답게 재단하라.

지혜로운 인생 살기

옛날 우산장사 아들과 짚신장사 아들을 둔 노모가 비가 오면 짚신 장사 아들을, 날이 맑으면 우산장사 아들을 걱정했는데 거꾸로 비가 오면 "우산이 잘 팔리겠지." 하면서 즐거워하고, 날이 맑으면 "짚신이 잘 팔릴 거야."라고 하면서 즐거워했다는 이야기가 있다. 상황을 어떤 관점에서 보느냐에 따라서 똑 같은 일이 걱정거리가 되기도 하고 행복한 일이 되기도 한다. 우리 인생살이도 역시 관점의 차이이고 어려운 상황도 지혜로운 판단에 의해 인생이 즐겁고 행복해지기도 한다.

얼마 전까지는 서울에서 고등어 회를 먹는 것이 어려웠다. 비싸기도 하려니와 고등어가 성질이 급해서 수조에 넣고 이동하는 동안 폐사율이 높아 자칫 손해 보는 수가 있어 산지에서 잘 공급이 되지 않았기 때문이다.

그런데 요즘은 전보다는 훨씬 수월하게 고등어회를 서울에서도 접할 수 있다. 수조에 상어새끼를 넣어두면 상어를 피하기 위해 계속 도망 다니느라 죽지 않는다는 것이다. 도망 다니다 보면 살도 탄력이 생기고 생기 있는 상태에서 횟집에 공급되기 때문에 여러모로 좋은 방법이 아닌가 싶다.

이 방법은 고등어의 입장에서 보면 일종의 스트레스다. 일반적으로 스트레스는 사람에게 치명적인 독이 되어 만병의 원인이라는 지탄을 받아왔다. 그러나 사람도 마찬가지로 어느 정도의 스트레스는 인생에 활력이 된다. 그 스트레스를 적당히 활용하는 지혜 또한 우리가 살아가는 데 꼭 필요한 삶의 에너지가 아닌가 싶다.

세상에서 100퍼센트 완벽한 사람은 없다. 다른 사람을 너무 의식하면 삶이 피곤해진다.

지혜로운 삶을 살기 위해서는 남을 너무 의식하지 말고 자신이 가지고 있는 모습을 그대로 보여주는 것이 중요하다. 상대방이 나를 시기하고 비난할 때는 상대의 비난을 수용하고, 반대로 상대방을 칭찬하는 것도 한 방법이다.

"당신 부서에는 사고가 너무 많아."라는 지적을 받았다면 "당신 부서는 사고가 없는데 어떻게 하면 사고를 없앨 수 있나요?"라고 하면 아마도 비난을 하지 못할 것이다.

개미가 자기 집이 부서졌을 때 제일 먼저 하는 일은 화를 내거나 실망하는 것이 아니고 집지을 재료를 다시 모으는 일이다. 화를 내거나, 슬퍼하거나, 실망하는 것은 문제를 해결하는 데 아무 도움이 되지 못한다. 긍정적으로 생각하고 행하는 것이야말로 안 좋은 상황을 해결하고 벗어날 수 있는 지혜로운 최선의 방법이다.

우리는 살아가면서 사람은 자신의 분수를 지키면서 살아야 한다는 말을 많이 들어왔다. 그러나 현실은 서로 헐뜯고, 시기하고, 질투하고,

사촌이 땅을 사면 배 아파하는 모습들이 많이 보인다. 자신의 분수를 지키면서 진정한 아름다움과 진정한 용기를 지니고 사는 사람들이 그만큼 드물다는 이야기이다.

자신의 개가 죽자 개의 묘비에 이러한 인간의 추한 모습들을 빗대어 쓴 묘비명이 있다.

"이곳 근처에 그의 유해가 묻혔도다. 그는 아름다움을 가졌으되 허영심이 없고, 힘을 가졌으되 거만하지 않고, 용기를 가졌으되 잔인하지 않고, 인간의 모든 덕을 가졌으되 그 악덕은 갖지 않았다. 이러한 칭찬이 인간의 유해 위에 새겨진다면 의미 없는 아부가 되겠지만 1803년 5월 뉴펀들랜드에서 태어나 1808년 11월 18일 뉴스테드 애비에서 죽은 개 보우쎈의 영전에 바치는 말로는 정당한 찬사이다."

시인 바이런이 자신의 개 보우쎈이 죽었을 때 쓴 실제 개의 묘비에 새겨진 글이다.
사랑하는 개의 죽음을 애도하고 있지만 동시에 겉모습만 아름답고, 잘난 척하고, 힘 좀 있다고 오만하고, 용기가 있다고 잔인해지는 인간들의 지혜롭지 못한 아둔함을 꼬집고 있다.

그렇다면 인생을 잘 살았다, 지혜롭게 살았다, 복 받았다는 소리를 들으려면 어떻게 해야 할까.
우선 아침에 일찍 일어나라. 게을러서는 안 된다. 아침에 일찍 일어나는 사람은 꿈이 있다. 오늘 하루를 진짜 좋은 날로 만들겠다는 의지가 일찍 일어나게 하는 것이다.

또 무슨 일을 하든, 약속시간을 정하든 정해진 시간보다 30분 이상 빨리 처리하거나 약속장소에 먼저 나가보라. 모두에게 환영받을 것이다.

복권에 당첨되는 것도 일단 복권을 사는 일을 먼저 해야 하는 것이다. 노력도 하지 않고 복을 받기를 바란다면 아무것도 되지 않는다.

복은 법칙이다. 하는 대로 받는 것이다. 복 받을 일을 하면 자신도 그 복을 받는다. 복은 공짜로 오지 않는다. 마찬가지로 지혜로운 삶은 노력하는 삶이기도 하다.

"인생의 저녁은 등잔을 들고 찾아온다. 인생의 처음 사십년은 본문이고, 다음 삼십년은 주석이다."

쇼펜하우어의 이 말처럼 사십 이후는 자기 얼굴에 책임을 지라고 한다. 얼굴을 보면 그 사람의 인생이 보이기 때문이다.

삶은 순간순간이 모두 중요하다. 한 권의 책처럼 인생은 시작과 내용 전개와 결말이 조화를 이루어야 지혜로운 삶, 인생을 잘 살았다고 할 수 있다.

여기에서 우리가 살아가는 데 있어 지혜롭지 못하면 자칫 빠지기 쉬운 몇 가지 함정을 살펴보자.

- ·'오해'가 사람을 잡는다. 반드시 진실을 확인하라.
- ·'설마'가 사람 잡는다. 미리 미리 대비하라.
- ·'차차'가 사람 잡는다. 오늘 할 일을 내일로 미루지 말라.

- '나중에'가 사람 잡는다. 지금 결단하라.
- '괜찮겠지'가 사람 잡는다. 세상에는 안 괜찮은 일들이 많이 있다.
- '공짜'가 사람 잡는다. 반드시 대가를 지불하라.
- '별것 아니야'가 사람 잡는다. 모든 것은 소중하다. 별것 아닌 것은 없다.
- '조금만 기다려'가 사람 잡는다. 기다리게 해놓고 변하는 사람도 많다.
- '이번 한 번만'이 사람 잡는다. 한 번이 열 번, 백 번이 된다.
- '남도 다 하는데'가 사람 잡는다. 세상 모든 사람이 다해도 하지 말아야 할 일이 있다.

그레이스 호퍼는 이렇게 말했다.

"그간 우리에게 가장 큰 피해를 끼친 말은 '지금껏 항상 그렇게 해왔어'라는 말이다."

습관처럼 굳어버린 행동들, 관례가 되어버린 것들, 그것의 잘못을 인식하지 못하고 늘 해오던 대로 해야만 한다고 생각하거나, 그것에 젖어 쇄신의 기미조차 보이지 않는 것들의 무서움, 그것은 대충 마무리 짓고 싶은 마음이며, 그저 안이한 생각에 머무르는 마음가짐이다.

아닌 것은 과감히 벗어날 줄 아는 자세, 그러한 자세로 사는 것이야말로 지혜로운 인생 살기가 아닌가 싶다.

직장과 일에서
의미있는 자신 만들기

소속되는 것으로는 부족하다. 참여하라!

염려하는 것으로는 부족하다. 도와라!

믿는 것으로는 부족하다. 실행하라!

공정한 것으로는 부족하다. 인정을 베풀어라!

용서하는 것으로는 부족하다. 잊어라!

꿈꾸는 것으로는 부족하다. 일하라!

- 윌리엄 워드

사람들은 자신이 하는 일이 중요하며 자신의 기여가 그 일의 결과에 큰 차이를 만들 것이라고 기대한다.

차이를 만드는 것, 이것이 바로 의미있는 참여의 본질이다.

인간은 궁극적으로 자신이 선택한 의미로 스스로의 삶을 정의하는 의미부여자이다.

만약 삶의 변화를 원한다면 자신이 삶의 다양한 부분에 부여한 의미들을 자세히 살펴봐야 한다.

'직장에서 의미있는 참여란 무엇이며, 어떻게 하면 그것을 스스로 찾을 수 있는가?'

이 질문에 대한 답은 '내가 이곳에 있는 목적은 무엇인가?'에 대한 책임이 수반될 때 가능하다. 이때 우리는 용기를 내지 못하고 한 걸음 물러날 때가 많다.

진정한 용기는 절대 위험을 계산하지 않는다.

홍해는 모세가 도착했을 때 갈라진 것이 아니라 니손이란 사람이 물이 코에 찰 때까지 바다 속으로 걸어 들어간 후에야 갈라졌다.

의미있는 참여를 하려고 하면 우리는 용기를 시험받게 된다.

당신이 앞으로 10년 동안 평균 주당 40시간을 일하면서 살아야 하는 사람이라면 용기를 내어 실행하고 차이를 만드는 데 기여할 수 있기를 바란다.

"자기 존중을 높이는 손쉬운 비결은 스스로 중요한 일의 일부가 되는 것이다. 조직의 대의 또는 중요한 일들과의 일체화는 그렇게 자아 속으로 들어가고 자아를 확대시키고 중요한 존재로 만든다. 이것이 실존적 인간의 결점을 극복하는 방법이다."

— 매슬로우

로마의 시인 터틀리언은 이렇게 말했다.

"햇빛은 하수구까지 고르게 비추어 주어도 햇빛 자신은 더러워지지 않는다."

훌륭한 사람은 진흙 속에 있는 진주와 같아서 주위 환경에 오염되지 않으며 금방 알아낼 수 있다는 뜻이다.

- 김방이의 《천년의 지혜가 담긴 109가지 이야기》 중에서

당신 안에도 진주가 숨어 있다. 수많은 사람들과 섞여 살지만 오로지 당신만이 갖고 있는 재능이다.

그 누구와도 견줄 수 없는 그 재능과 장점! 그걸 잘 찾아내어 꼭 필요한 자리에 앉으면, 그것이 곧 성공이요, 희망이다.

바로 당신이 세상에 빛나는 하나뿐인 진주인 것이다.

최선의 오늘 그리고
나의 내일

우리는 오늘에 살고 있다.

어제는 살고 있었던 날이고 내일은 살아가야 할 날이다.

오늘은 어제 죽은 사람이 그렇게 갈망하던 내일이기도 하다.

오늘, 정말 무척이나 중요한 시간이다. 그러기에 우리는 오늘을 사는데 있어 최선을 다해야 한다. 최선을 다한 오늘이 다음에 오는 보다 나은 오늘, 즉 내일을 만드는 것이다.

만약 내가 무성의하게 오늘을 살고 다음에 오는 오늘의 불행을 내탓이 아닌 운명의 탓으로 돌렸다면, 그것은 곧 나 자신이 나의 불성실함을 탓하지 않고 운명 앞에 굴복했다는 뜻이 된다.

그러나 잘못을 내 탓이라고 생각한다면 그것은 내가 새로운 가능성을 찾아 새로운 도전에 대한 용기를 가진 것이라고 할 수 있다.

따라서 보다 나은 내일을 위해서는 뛰는 가슴으로 오늘을 살아야 하는 것이다.

벽에 부딪혔을 때 나를 방해하는 벽에 포기하지 말고 그럴수록 더욱 더 용기와 신념을 가지고 헤쳐 나가야 한다.

실패해서 꿈이 깨지는 것보다 더 바람직하지 않은 것은 도전 앞에서 스스로 꿈을 접는 나약함이다. 실패는 곧 경험이다. 그 경험은 쌓이고 숙성되어야 한다.

창조는 경험이 쌓이고 내부에서 숙성되어서 나타나기도 한다. 그러나 한 번 경험한 것으로 그치면 그저 경험일 따름이다. 그 경험을 잘 익히고 자기 것으로 숙성시켜야 비로소 나의 것이 되어 나에게 영감과 창조의 힘을 준다.

경험의 숙성은 반복됨으로써 더욱더 큰 힘이 된다.

미끄러운 길에서 넘어진다고 두려워 걷기를 포기한다면 과연 목적지에는 언제 도달할 수 있겠는가. 넘어져 엉덩방아를 찧었을 때 툭툭 털고 일어나 다시 또 의연하게 또 다시 걸어야 내가 목적하는 그곳에 갈 수 있다.

소중한 경험들은 모두 올바른 범위 내에서 잘 갈무리해 두었다가 나중에 열매를 맺는 데 유용하게 사용해야 한다. 알곡을 많이 쌓아두어야 겨울을 잘 날 수 있는 농부처럼 우리 마음에도 경험의 알곡이 많이 채워져 있어야 생각과 삶이 넉넉해질 수 있다. 그러려면 많은 것들을 보고, 배우고, 느끼고, 경험해서 자기 것으로 소화시켜 창조의 거름으로 삼아야 한다.

실패하는 것에 대한 두려움을 경험으로 승화시켰다면, 이제는 자신감을 가지고 도전해야 한다. 머리에서 발끝까지 자신을 빛나 보이게 하는 것은 바로 자신감이다. 당당하게 미소 짓고, 초조함으로 말을 많이 하지 않고, 걸을 때도 어깨를 펴고 활기차게 걷는 것만으로도 충분하다. 주위환경에 기죽지 않으며, 아니면 아니라고 말할 수 있는 당당함이 필요하다.

나를 놓치는 사람은 평생 후회하게 될 것이라는 자신감을 가져라. 나는 앞으로도 무한히 발전할 것이고 나의 노력은 세상 속에서 나를 빛나게 할 것이다.

카네기는 자신을 빛나게 하고 자신감을 키우는 방법으로 다음의 다섯 가지를 제안했다.

첫째, 모임에 가면 항상 앞자리에 앉는다.

어떤 모임이든 뒷자리부터 먼저 사람이 차는 것이 보통이지만 뒷자리에 앉는 것은 사람들의 눈에 띄기 싫어서이다. 앞자리에 의젓하게 앉음으로써 스스로 자신감이 붙게 하는 것이 좋다.

둘째, 차분하게 상대방의 눈을 똑바로 따뜻하게 바라보는 습관을 몸에 배게 한다.

상대방의 눈을 응시한다는 것은 상대방에게 이렇게 말하고 있는 것과 같다. 나는 당신에게 아무것도 숨기지 않는다. 나는 당신을 두려워하지 않는다. 나는 자신감을 갖고 있다. 다만, 형형한 안광을 상대에게 갈무리하지 않는 응시는 상대에게 부담을 줄 수 있으며, 경우에 따라서는 결례가 된다.

셋째, 25퍼센트 빨리 걷는 것이다.

자기 행동의 속도를 바꿈으로써 일상에서 자기의 태도도 바꿀 수 있다고 심리학자들은 말하고 있다. 보통 사람보다 빨리 걷는 동작과 태도는 그만큼 자신감 넘치게 하는 것이다.

넷째, 자진해서 먼저 이야기한다.

자진해서 이야기한다는 것은 자기 말에 확신이 있다는 것을 의미한다. 우물쭈물하는 태도는 그만큼 자신을 상실하게 하는 결과만을 가져올 뿐이다. 다만, 자신을 내세우는 겸손하지 못한 자기 알림은 말하지 않는 것만 못하다.

다섯째, 시원하게 크게 웃는 것이다.

이빨이 보이도록 크고 담대하게 웃어라. 웃음은 자신감 부족에 대한 특효약이다.

이 다섯 가지는 일상에서 자신을 자신 있게 만드는 효과적인 멋진 방법들이다.

그러나 또 한 가지, 오늘을 최선을 다해 보람 있게 후회 없이 보내고 내일을 맞기 위해서는 휴식과 여유가 필요하다. 심신이 피곤하고 지쳤을 때 가지는 차 한 잔의 여유는 말없는 위로자가 되어 줄 것이다.

어떤 교수가 학생들에게 질문했다.

"만약 당신이 3일 후 죽는다면 당신은 무엇을 하고 싶은가?"라고.

학생들의 답변은 부모님께 전화하기, 애인과 여행하기, 고급 식당에서 맛있는 것 사먹기, 멀리 떨어진 친구와 전화하기, 사이가 나빠진 사람과 화해하기 등이었다.

그러자 교수가 말했다.

"Do it now! 지금 바로 오늘 하라고……."

당신은 지금 무엇을 하고 싶은가.

혹시 하고 싶은 일, 해야 할 일을 내일로 미루고 있지 않은가.

그렇다면 당신은 어제 죽은 사람들이 그렇게 갈망하던 내일인 오늘을 무성의하게, 불성실하게 살고 있는 것이 아닐까.

Do it now! 지금 바로 행동하라.

해보고 후회하자

우리는 어렵고 힘든 일에 봉착했을 때 '이건 이래서 어렵고, 저건 저래서 힘들고.'라면서 이런저런 이유를 대서 피하려고 하는 경향이 있다.

"어느 일을 하는 데 실패 가능성이 50%, 성공 가능성도 50%일 경우 실패 가능성은 50%이지만 성공 가능성도 50%인 것이다. 그러나 꿈도 없이 도전도 해보지 않은 사람은 성공률이 0%이다."

잘 하면 성공할 수도 있는 일을 해보지도 않고 실패하는 것은 후회만이 남는다.

'나도 시도했더라면 저 사람보다 훨씬 잘 했을 텐데.'라며 부러워하면서 또 한편으로는 시기하는 마음도 생기게 된다.

어떤 일을 시작할 때 지금 해도 될까? 지금은 너무 늦지 않았을까?

무엇인가 조금 늦은 것 같고 지금 해서는 이룰 수 없는 것 같아서 망설이는 경우가 있다.

그러나 '늦었다고 생각했을 때가 가장 빠른 때'라는 말도 있다.

1860년에 태어난 메리 로버트슨이라는 미국 화가는 78세 때 처음 그림을 그리기 시작한 분으로 유명하다.

미술 교육을 받은 적도 없는 이 할머니 화가는 자신이 자란 시골의 풍경, 썰매 타는 풍경이나 추수감사절 풍경 등을 그림으로 그려 동네 약국에 걸어놓았다.

그런데 마침 그곳을 지나던 미술품 수집가 루이스 캘도어가 이 그림을 발견, 뉴욕 미술계에 소개함으로써 할머니는 순식간에 화가의 길로 들어서게 되었다.

농촌의 일상을 정교하게 표현한 그림인데다 할머니의 지긋한 나이와 소박한 인격 등이 한데 어우러져 세인의 주목을 받기 시작한 것이다.

이 할머니 화가는 오른손의 관절염이 심해지자 왼손으로 세상을 떠나기 한 해 전인 100세 때까지 그림을 그렸으며, "삶은 우리 자신이 만드는 것이다. 늘 그래왔고, 앞으로도 그럴 것이다."라는 말을 남겼다.

이렇듯 늦은 나이에 시작했지만 결국은 자신의 꿈을 이루었고 죽기 전까지 자신의 꿈을 그려왔다.

꿈은 꿈을 꾸는 자의 것이다.

꿈이 없는 삶은 날개가 부러져 땅바닥에 앉아 굶어 죽어가는 새와 같다.

가다가 중지 곧 하면 아니 감만 못하다.

그런데 가려고 생각은 했지만 가는 길이 너무 험난할 것이라는 자신의 생각만으로 그 꿈을 지레 포기한다면 그것은 자신을 포기한 것과도 같은 것이다.

우리는 매일매일 인생을 창조하고 있다. 그날 하루의 선택이 그날뿐만 아니라 우리의 인생의 운명을 바꿀 수 있는 것이다. 아무리 인생을 열심히 살았다 해도 한순간에 선택을 잘못하면 그 인생은 회복할 수 없는 상태에 빠질 수도 있는 것이다.

그러나 평생 적자나는 인생을 살았지만 그날 누구를 만나서 어떤 일을 했느냐에 따라서 적자인생에서 흑자인생으로 바뀔 수 있고, 게을렀던 인생이 아주 부지런한 인생으로 바뀔 수 있다. 그래서 오늘 하루 자신의 행동이 자기 운명에게 어떤 영향을 줄 지 생각한다면, 우리는 매 순간 정신을 차리지 않으면 안 되는 것이다. 그것은 지금 이 순간 우리의 선택이 바로 우리의 인생을 창조하기 때문이다.

그렇다면 우리가 이렇게 긍정적인 사고와 행동을 하기 위해서는 어떻게 해야 할 것인가?

먼저 공감하는 얼굴이 되어야 할 것이다.

공감은 상대방의 마음을 진심으로 이해하고 인정하는 것이다. 주위 사람들은 자신이 당신에게 중요한 존재라는 것을 느끼고 싶어 한다. 사람들은 당신이 자신을 진심으로 염려한다는 사실을 깨달을 때 당신을 믿는다.

둘째, 자신 있는 행동 또한 필요하다.

눈에 보이는 것이 공포와 불안, 망설임뿐이라면 어느 누구도 당신을 따르지 않을 것이다.

셋째, 집중하는 모습도 필요하다.

진정한 집중력은 계획에 따라 행동하겠다는 단호한 의지에서 나온다. 집중력은 다른 사람들을 고무시킨다.

넷째, 관심을 보여주라.

관심을 가지려면 존중해야 한다. 조금 더 시간을 투자해서 사람들의 이야기에 귀를 기울인다고 해서 당신이 해야 할 일의 목록이 짧아지는 것은 아니다.

다섯째, 실망한 얼굴을 보이지 마라.

당신이 어떤 결과에 대해 실망했다면 주위 사람들은 당신이 입을 열기 전에 그 실망을 감지할 수 없어야 한다.

여섯째, 행복한 얼굴로 살아가라.

행복은 주위 상황에 만족하고 그로 인해 즐거워하는 것이다. 행복한 얼굴은 당신이 인정하고 있음을 드러낸다. 항상 진실한 모습으로 사람들을 대하라. 진실한 모습은 성실과 정직에 통한다.

일곱째, 낙관적으로 생각하고 행동하라.

낙관주의는 의식적인 선택이다. 낙관주의는 당신의 생각에 내구력을 더한다.

이러한 사고와 행동을 가지고 현재 진행형으로 살아간다면 나에게 주어진 일들이, 혹은 내가 하고자 하는 일들이 두렵지 않을 것이다. 지금 용기 없는 사람이 나중에 용기를 내기 힘들고, 오늘 창의성이 없으면서 내일의 창의성을 기대하기 어렵다.

내일의 행복을 위해서 오늘 고통의 길을 갈 수 있지만 그 고통의 길에서조차 재미와 창의성을 찾아내는 사람이 진짜 행복한 사람, 진짜 용기 있는 사람이다.

꿈을 꾸고 그리고 행동하라.

'꿈은 꿈을 꾸는 자의 것이다'.

낮에 나온 반달

1

낮에 나온 반달은 해님이 쓰다버린 쪽박인가요.
꼬부랑 할머니가 물 길러 갈 때 치마폭에 달랑달랑 채워줬으면…….

오늘도 주영이는 동네어귀에 나가 앉아 할머니를 기다리고 있다. 제
또래 아이들은 모두 유치원에 가고 이제 여섯 살인 주영이는 할 일이
없다. 할머니는 언제 오실지도 모른다.

할머니는 함지박에 과일, 채소 등을 받아 머리에 이고 시장 한 구석
에 자리하고 앉아, 겨우 두 식구 입에 풀칠할 만큼의 돈을 벌어 생활하
고 있다.

아침에 일어나 할머니가 아침 겸 점심을 차려 논 귀 떨어진 밥상머리
에 앉아 맛있게 혼자 밥을 먹는 주영이는 가끔 찐 계란 하나나 한 쪽
이 무른 과일 하나라도 밥상 위에 올라 있으면 그날은 하루 종일 기분
이 좋았다.

엄마 얼굴, 아빠 얼굴은 생각 밖으로 사라진지 오래다. 아니 생각할 얼굴모습이 떠오르지 않는 것이다. 할머니는 엄마, 아빠에 대해서는 한 번도 말씀이 없었다.

길가에 쪼그리고 앉아 있으면 울긋불긋 예쁜 옷을 입은 제 또래 아이들이 엄마, 아빠와 손을 잡고 가면 부럽게 쳐다 볼 뿐 감흥이 오지 않는다.

언젠가는 엄마, 아빠가 돈을 벌어 맛있는 것을 사오리라는 생각이 들긴 하지만 저녁때 할머니가 쥐어주는 담배냄새 짙게 배인 사탕 한 알이 더 좋았다. 동네 구멍가게 아저씨가 어쩌다 건네주는 아이스케이크는 왜 그리 맛이 있는지.

주영이는 동네 아이들과는 잘 어울리지 않는다. 대화가 되지 않기 때문이다. 마징가제트가 어떻고, 은하철도가 어떻고 하는데 도무지 알 도리가 없기 때문이다.

자연히 외톨이가 되어 동네 어른들 술추렴하는 데서 심부름해주고 과자 부스러기나 얻어먹고 장난기 많은 어른들이 억지로 먹이는 막걸리 한 잔에 벌겋게 취해 할머니가 오실 때까지 잠에 곯아떨어지기 일쑤였다.

생일이 빠른 관계로 7살 되던 해 초등학교에 입학했으나 잘 먹지 못한데다 몇 개월 어린 주영이는 작은 덩치로 반 친구들의 놀림감이 되기 일쑤였다.

어느 날, 반장인 승오와 대판 싸움을 벌여 코피가 나고 피멍이 들도록 두들겨 맞았으나 독재자로 군림하던 승오였기에 많은 동정표와 함께 친구도 생기고 하여 그런 대로 무난히 학교생활을 해 나갈 수 있었

다. 총기가 있던 주영이는 주위의 도움으로 시내의 중학교에 진학하게
된다.

중학교 2학년이 되던 해 여름, 주영이에게는 커다란 사건, 삶의 전환
점이 될 만한 그런 사건이 발생하고 만다. 초등학교 1학년 때 반장이었
던 승오와 다시 한 번 만나게 되었는데, '자모회' 회장으로 치맛바람을
일으키며 학교 내의 일에 적극적이던 승오 어머니의 영향 덕분에 승오는
다시 반장이 되고 주영이와는 약간 껄끄러운 채로 지내게 되었다.

여름방학을 며칠 앞둔 어느 날 오후, 어린아이들의 멱 감는 장소로
안성맞춤인 동네어귀를 흐르는 자그마한 강가에는 며칠 전 내린 비로
물이 불어 많은 아이들이 멱도 감고 뜰채로 강기슭의 작은 물고기도
잡고하며 놀고 있었다.

"사람살려!"

"야, 누가 빠졌다. 빨리 어른들을 불러라!"

"어떡해."

고개를 들어보니 강물이 굽이쳐 유속이 빠르고 깊어서 덩치가 큰 중
고생이나 어른들만 멱을 감는 장소에서 누군가가 허우적대고 있는 것이
었다.

"아니 이걸 어쩌지, 큰일 났군. 어른들도 없잖아."

주위를 아무리 둘러보아도 해질 무렵이나 나오는 어른들은 역시 찾
을 수가 없었다. 생각할 겨를도 없이 주영이는 여울목으로 헤엄쳐 갔다.
누군지도 모르는 상태에서 머리를 잡아끌고 나오는데 허우적거리는 아
이는 주영이의 허리를 끌어안고 필사적으로 매달리는 것이었다. 숨이 컥
컥 막히고 눈앞이 새카매진 주영이, 발로 상대방의 옆구리를 힘껏 내지

르자 그제야 그 고통에 팔을 풀고 늘어졌다. 힘이 빠진 주영이는 '아! 이제 죽었구나.' 하는 생각으로 정신이 가물가물 거리는 참에 물살로 인해 기슭 가까운 데까지 떠밀려오자 근처에 있던 아이들이 손을 뻗어 둘을 구해냈다.

아이들의 등에 업혀 급히 병원으로 옮겨져 응급처치를 받고 둘은 집으로 귀가하게 되었는데 그때서야 물에 빠진 아이가 승오라는 것을 알게 되었다.

그날 저녁, 주영이는 난생 처음 소고깃국을 실컷 먹게 되었다. 승오 어머니가 소고기를 사 가지고 감사인사를 왔기 때문이다. 탈진된 상태에서 소고깃국을 세 그릇이나 먹은 주영이는 밤새도록 뒷간 출입을 해야만 했다.

그날 이후 사흘 동안 승오는 학교에 나오지 못했다. 나흘째 학교에 나온 승오는 주영이의 손을 잡으며 앞으로 영원히 변치 않는 친구가 되자고 몇 번이고 다짐을 했다. 아직 핏기 없는 파리한 얼굴의 승오가 몹시 가련해 보인 주영이는 딴 사람을 보는 것 같았다.

"그래, 우리 영원한 친구가 되자. 그렇다고 고맙다는 생각은 하지 마. 내가 우리 반에서 제일 수영을 잘 하잖아. 네가 나 같은 처지에서도 그랬을 거야."

그때 얼핏 승오의 눈에는 물기가 어렸다.

며칠 후 방학이 되고 승오는 물속에서 차인 옆구리가 빌미가 되어 갈비뼈에 금이 가고 복수가 차 늑막염을 앓게 되어 급기야는 병원에 입원하는 신세가 되고 말았다. 주영이는 승오에게 문병을 가기 위해 할머니를 졸라 팔다 남은 과일 몇 개씩을 들고 가끔 승오가 입원한 병원에 가서 놀다오곤 했다.

방학이 끝날 무렵 승오는 퇴원을 했고, 주영이는 자연스럽게 집으로 놀러가 시간을 보내고 오기도 했다.

처음 승오네 집을 방문했을 때 주영이는 벌린 입을 다물지 못했다. 승오네 집은 주영이로서는 이제까지 상상하지 못했던 완전한 별세계였기 때문이다. 단칸 셋방에 옷 궤짝 하나와 부엌살림 몇 가지가 고작인 주영이로서는 당연한 놀라움이었으리라. 갈 때마다 거실에는 화려한 차림의 부인네들이 네댓 명씩 모여앉아 음식을 먹거나 화투를 치는 모습을 종종 보게 되었는데, 승오의 말로는 어머니가 계를 하는데 아마 다섯 가지 이상은 되며, 돈을 빌리러 오는 사람도 많이 있다는 것이었다. 그러나 주영이는 관심 밖의 일이었기 때문에 승오방에 들어가 숙제를 하거나 모르는 과목은 지도받기도 하며 공부의 즐거움을 터득해가고 있었다.

그러던 어느 비오는 날 오후, 방과 후 집안에서 뒹굴던 주영이는 할머니를 돕기 위해 시장에 나갔으나 할머니는 짐을 맡기고 막 집으로 돌아가셨다는 순댓국집 할머니의 이야기를 듣고 승오의 집으로 향했다.

마침 승오는 집에 없었다. 가정부 아줌마의 말로는 어머니와 함께 이를 빼러 치과에 갔다는 것이었다. 올 때가 되었으니 방에 들어가 기다려보라는 아줌마의 말에 승오방에 들어간 주영이는 소설책을 꺼내 읽다가 설핏 잠이 들었다.

꽈르릉~ 하는 천둥소리에 잠을 깬 주영이는 시간이 많이 지나 저녁 때가 되었음을 알고 승오의 집을 나섰다. 집에 돌아와 저녁을 먹고 밀린 공부를 하려는데 서슬이 퍼런 승오 어머니가 집으로 들이닥쳤다.

"아니, 비렁뱅이 새끼한테 학비까지 대줘가며 공부를 시켰더니 이제 도둑질까지 해. 너 그 돈 내놓지 못해. 아휴! 내가 호랑이를 키웠지. 피는 못 속여. 이 순 쌍놈의 새끼 같으니라구. 빨리 내놓지 못해!"

입에 하얗게 거품을 문 승오 어머니는 갖은 욕을 다해가며 다짜고짜 돈을 내놓으라면서 주영이의 멱살을 잡고 흔들었다.

영문을 모르는 주영이는 무조건 "승오 어머니, 저는 몰라요."를 연발하고, 할머니 역시 눈물을 흘리며 "용서해 주세요. 지가 죽일 년이유." 하며 진흙탕인 마당에 꿇어앉아 울며불며 애원했다. 하지만 막무가내인 승오 어머니의 서슬 앞에 결국은 난생 처음 파출소로 끌려가게 되었다.

파출소에서도 승오 어머니의 기승은 계속되었고 사람 좋아보이던 김순경 아저씨마저 주영을 도둑놈으로 단정하며 돈을 내놓지 않으면 교도소에 가서 콩밥을 먹게 될 것이라고 으름장을 놓았다.

아무리 울면서 항변을 해보아도 소용없는 짓임을 안 주영은 묵묵부답 울면서 파출소에서 기절해 실려 간 할머니를 걱정하고 있었다.

때맞춰 주정꾼과 싸움을 한 사람들 서넛이 파출소로 잡혀와 파출소가 시끌벅적 해지자 승오 어머니는 바쁜 일이 있다며 제발 도둑맞은 곗돈을 찾아달라고 김순경에게 신신당부하고 파출소를 떠났다. 온통 파출소를 휘젓는 주정꾼에게 주의가 집중된 사이 주영이는 몰래 파출소를 빠져 나올 수 있었지만 딱히 갈 데가 없었다.

빗발이 가늘어져 우산을 받지 않을 정도가 됐지만 주영은 파출소로 오는 동안 이미 다 젖었기 때문에 들고 있던 비닐우산은 쓰레기통에 버리고 어디로 갈까 곰곰이 생각해 보았다. 이제 누구한테 얘기를 해도 믿어줄 사람이 없다는 생각이 들자 북받치는 설움에 눈물이 펑펑 쏟아졌다.

'그래, 서울로 가자. 공부를 해서 무얼 하나. 돈을 벌자. 돈을 벌어 할머니에게 좋은 음식을 사 드리고 승오엄마한테 보란 듯이 돈을 뿌려보자.'

결심이 선 주영이는 도둑열차를 타기로 작정을 했다.

늦은 가을이라 한 시가 넘은 새벽 공기는 싸늘하기만 했지만 돈 벌 희망에 부푼 주영에게는 추울 리가 없었다.

역전 파출소 앞을 지날 때는 지레 겁을 먹고 멈추어 서서 한참 동정을 살피고 살금살금 그 앞을 지나쳤다.

새벽 화물열차에 몸을 실은 주영은 앞으로 어떻게 살아갈까 막연한 궁리를 하다 깜박 잠이 들어버렸다. 덜커덩 하는 소리에 잠을 깬 주영은 본능적으로 서울임을 직감하고 열차를 내려 역을 빠져 나왔다. 저녁을 먹긴 했으나 정신없이 지나간 지난밤 소동으로 뱃속에서는 연신 밥을 달라고 꼬르륵 소리가 났다. 호주머니를 털어봐야 먼지뿐, 냄새에 이끌려 식빵과 라면을 파는 포장마차 앞에서 새벽일을 나온 사람들의 먹는 양만 물끄러미 쳐다보고 있었다.

한참을 그러고 있는데 까만 작업복 차림의 사내가 "너, 집 나왔구나. 그렇지? 배고프겠구나. 이리와 라면 하나 먹어라." 하며 포장마차로 끌고 가는 것이었다. 사내가 컵라면 세 개를 게 눈 감추듯 먹어치운 주영을 끌고 간 곳은 소매치기 합숙소였다.

한 달 동안 소매치기 수법을 교육 받았다. 심한 매질과 욕설, 처음 대해보는 범죄꾼의 세계에 겁을 먹은 주영은 결국 그곳을 탈출하여 신문 배달, 중국집 배달원, 식당 종업원 등의 직업을 전전하다 영등포 근처의

술집 웨이터가 되었다. 열아홉 되던 해 눈치와 특유의 배짱으로 건달 세계에서 웬만큼 행세하게 되고 교도소를 출입하게 되면서 그의 악명은 그만큼 높아가게 되었다.

'족제비.' 그의 별명이었다.

22세가 되자 경력을 인정받은 그는 J디스코클럽의 영업부장이 되어 예전 같지 않게 똘마니까지 거느려 가면서 생활하게 되자, 남몰래 할머니를 모셔 와 영등포 근처 셋방에서 같이 생활하게 되었다.

연로하신 할머니는 "이제 손을 봐야 내가 죽제. 이제 내가 살면 얼마나 살꼬." 하며 손주며느리를 보자고 매일 성화를 내셨다.

제법 미끈한 아가씨들이 많이 따랐지만 여자는 단지 욕망 배설용으로밖에 생각되지 않아 항상 할머니의 말은 뒷전으로 흘려버렸다.

어느 날, 하루의 영업을 마친 주영이 여느 때처럼 집으로 가는 골목길을 걷고 있을 때 한 쪽 으슥한 골목에서 흐느끼는 소리와 낄낄거리는 사내들의 목소리를 들었다. 주영은 본능적으로 가까운 골목길로 접어들었다. 거기에는 스무 살 안팎의 두 아가씨가 두 남자들에게 희롱을 당하고 있었다.

"야, 뭐야 느덜! 그냥 가지 못해?"

영등포 뒷골목에서 웬만큼 알려진 주영은 너희들 쯤이야 하는 마음에 큰소리를 쳤다.

"어쭈, 이건 또 뭐야. 넌 쑤시면 안 들어가." 하며 한 놈이 잭나이프를 들이댔다.

시퍼런 칼 빛이 반사하며 주영의 복부를 향해 들어왔다. 옆으로 피하긴 했으나 타는 듯한 통증이 옆구리에 일자, 본능적으로 앞차기로 상대의 턱을 차 쓰러뜨리고 옆에 서 있던 한패를 이마로 받고는 정신을 잃고 말았다. 눈을 떠보니 하얀 병실이었다. 웬 낯모를 아가씨가 근심스레 주영이의 얼굴을 내려다보고 있었다.

'소영.' 나중에 안 그녀의 이름은 소영이었다.

전라도 농촌에서 1남 4녀의 둘째딸로 태어나 집안이 어려워 서울에 와 미용기술을 배워 지금은 영등포로터리 근처의 한 미장원에서 견습을 하고 있던 중이었다. 예쁘진 않았지만 단정한 얼굴에 수수하고 소박한 마음이 편해지는 분위기를 지닌 그런 아가씨였다. 결국 두 사람은 동거에 들어가게 되고 주영의 직업을 안 소영은 그 세계에서 손을 떼라고 애원했다.

모아둔 돈도 특별한 기술도 없던 주영은 전세 값이라도 모아지면 그만둘 생각을 하고 디스코클럽의 영업부장 생활을 계속하지만 큰돈은 모이지 않고 설상가상 소영이 임신을 하게 되자, 친구의 유혹에 빠져 술취한 사람을 상대로 강도짓을 하게 되었다.

강도짓을 한 번, 두 번 거듭하게 되자 양심의 가책은커녕 한탕 재미에 빠져 결국은 얼굴이 알려지지 않은 안산, 수원 등으로 원정까지 하게 되었다.

그러나 꼬리가 길면 잡히는 법. 결국 수원 북문 근처에서 범행을 하다 검거되고 말았다.

주영의 검거소식에 소영은 유산을 하게 되고, 할머니는 몸져누워 보고 싶은 손자에게 면회도 못 가게 되었다. 교도소에 온지 보름이 넘어서야 겨우 파리한 얼굴로 면회를 온 소영을 보고 주영은 통한의 눈물을 흘리며 오열을 하였고, 소 내 생활은 엉망이 될 수밖에 없었다. 툭 하면 시비가 붙어 담당실에서 주의를 받고 관구교사에게 경고를 받기를 수차례. 결국은 관구주임에게까지 보고되어 독거실로 전방을 가게 되었으나 삐뚤어진 생각과 행동은 여전하였다.

구형에서 7년을 받고 선고를 며칠 앞둔 어느 날, 얼굴이 피투성이가 된 주영이 관구실에 끌려왔다. 담당에게 세탁을 요구하다 세탁날이 아니라는 이유로 거절하자, 담당에게 침을 뱉고 "더러운 간수놈! 평생 간수나 해 쳐먹어라!"라는 등의 심한 욕설과 함께 쇠창살에 머리를 부딪고 문을 발로 차며 소란을 피운 것이었다. 다행히 상처는 깊지 않아 머리 부분에 다섯 바늘을 꿰매고 금치 2월에 처해지게 되었다.

"주임님, 이제 제 전부입니다."

눈물을 뚝뚝 흘리며 수정 찬 손으로 눈물을 연신 훔치면서 이야기를 이어나가는 주영에게 말썽만 부리던 그의 모습은 찾아 볼 수 없었다. 서로 인간적인 교류가 시작된 것이다.

평소 말썽꾸러기로만 인식하고 그의 내면과 환경을 등한시한 감독자로서의 깊은 반성과 책임감을 제고케 한 순간이기도 했다.

어떤 사안 발생 시 그에 대해 징벌이라는 안이한 대처로만 일관해 왔던 나에게 평범한 사건이었지만 내가 한 발만 앞서 갔더라면 하는 아쉬움이 남는 사안이었다.

2

소란 난동자를 징벌에 처하기 위해 신분장과 접견대장을 갖다 놓고 검토하던 나에게 의문스러운 점이 발견되었다. 신분장의 가족란에는 할머니만 한 사람 적혀 있었고 접견대장에는 뜻하지 않게 정소영이라는 아가씨가 관계는 처로 되어 면회를 다니다가 입소한지 보름이 지난날부터 발걸음이 뚝 끊기고 말았다.

면회를 왔으나 군것질도 별로 하지 않는 주영이의 영치금 잔고는 얼마 되지 않았다. 징벌 중에도 그의 태도는 변치 않았고 보호실 수용까지 고려할 정도가 되었으며 매일 관구실에 불러 대화를 유도했으나 묵묵부답, 먼 산만 보거나 팔뚝의 칼자국만 문지르는 것이 고작이었다.

날씨가 흐리면 옆구리가 쑤신다며 문을 발로 차면서 의무과 진료를 요구하기도 했다. 나는 그의 그러한 태도에서 묘한 오기 같은 것을 느꼈다.

'오냐! 그래 한 번 해보자.'

그리고는 우선 정소영을 만나 보기로 했다.

보안과장님께 허가를 득한 후 편지를 띄웠다. 속달이라 2, 3일 후면 연락이 있겠거니 했으나 연락이 없어 보안과장님께 재차 가정방문을 건의해 허락을 받았다. 다른 간부들은 나의 이런 행동을 초임간부의 한때의 열정 정도나, 아니면 과잉반응 정도로만 생각을 하고 있었다. 흔한 일에 그것 아니라도 신경 쓸 일이 많은데 괜한 일을 하고 있다는 식이었다.

그러나 내친걸음이라 영등포 철길 옆에 있는 주소로 정소영을 찾아

갔다.

비번날 천신만고 끝에 찾아간 그 주소에 정소영은 없었다. 부엌을 사이에 둔 조그마한 방 두 개는 비어 있었다. 옆집 문을 두드려 하품을 하며 나온 도깨비 화장의 아가씨는 일주일 전인가, 열흘 전에 이사를 갔으며, 할머니는 한 달 전에 죽어 화장을 했다는 것이었다.

귀찮아하는 그녀를 졸라 동네 구멍가게에서 맥주를 사주며 캐묻자, 주영과 동거 전 다니던 미용실 위치와 친구가 그 근처에 살 것이라는 정보를 얻어냈다. 쭈뼛거리며 미용실 문을 열고 들어가 넉넉해 보이는 주인여자로부터 그 친구는 그만 두었으며, 아마 용산에 있는 제법 큰 미용실로 옮긴 것 같다는 이야기와 함께 적어준 전화번호를 들고 다시 용산역 부근에 있는 미용실로 그 친구를 찾아 나섰다.

생각보다는 그다지 크지 않은 미용실에서 다행히 소영의 친구 이경아를 만나게 되었다. 근처 다방으로 가 자초지종을 설명하자 대강은 알고 있었지만 그렇게 불행한 일이 일어났을 줄은 몰랐다며 눈물을 흘렸다. 며칠 전 연락이 왔으나 힘없는 목소리로 안부를 묻고 통화를 끊었으며 다시 연락이 오리라는 얘기였다. 연락처를 남기고 피곤한 몸으로 집으로 향하며 전혀 소득 없는 하루는 아니었다고 자위하면서 발길을 옮겼다.

그로부터 며칠 후 이경아의 도움으로 정소영을 만날 수 있었다. 나이에 비해 훨씬 늙어 버린 듯한 그녀의 얼굴은 그러나 고생 속에서도 꿋꿋한 어떤 강인함을 읽을 수가 있었다.

유산 후 성치 않은 몸으로 충격으로 쓰러지신 할머니를 간호했으나 나이가 연로해 결국 할머니는 돌아가셨으며, 그 사실을 숨기고 면회를 다녔으나 가진 돈은 떨어지고 집세 보증금도 까먹기만 해 식당주방에 취직을 하였으며, 약한 몸으로 버티기가 힘들어 결국 그만두고 시골에서 요양을 하다 얼마 전 다시 상경해 먹고 잘 수 있는 조그마한 미용실에 취직을 했다는 것이었다. 그러나 결코 그를 버린 것은 아니라는 이야기였다. 그리고 쉬는 날이 일요일이라 면회를 못 가지만 편지를 하려고 하던 참이라고 했다.

여기서 나는 잠깐 갈등했으나, 결국 그가 소 내에서 소란을 피워 징벌 중에 있으며 아마도 소영씨 생각에 그러한 모양이니 실망하지 말고 후일 면회할 수 있을 때 다시 찾아주기 바란다는 이야기를 해주었다.

한참 흐느끼던 그녀는 열심히 살겠다는 다짐을 하고 용기를 잃지 말고 살아가라는 말을 전해달라며 자리를 떴다.

나는 당분간 정소영을 만난 사실을 숨기기로 했다.

근무 때마다 그를 불러 일상적인 대화로 그와의 벽을 허물기로 작전을 세우고 그와의 말문이 터졌을 때 토요일 오후 한가한 시간을 틈타 내가 지내온 어려웠던 시절의 이야기, 아버지 없이 외할아버지와 외할머니 손에서 컸으며, 생활비를 벌기 위해 고생하시는 어머니를 생각하며 열심히 공부하여 반장을 도맡아 하던 일, 특히 어버이날 글짓기 때마다 특선을 하여 어머니를 기쁘게 해 드렸던 일, 끼니가 없어 술지게미를 사다 먹고 취해서 아무데나 쓰러져 자던 일, 아르바이트로 야간학교를 나와 주경야독하며 간부시험에 합격하던 때의 기쁨 등 이제까지 살아오면서 고생스러웠던 일, 기뻤던 일들을 담담한 어조로 차분히 이야기했다. 그러자 그때부터 주영이는 간헐적으로 띄엄띄엄 자신의 지난 이야기들을 하기 시작했다. 결국 설움이 북받치자 두 손을 붙들고 큰소리로 엉엉 울기 시작했다. 한동안 울고 나자 속이 후련해진 듯 "주임님, 감사합니다. 앞으로는 절대 말썽부리지 않고 착실히 살겠습니다. 지켜봐 주십시오."라고 말했다.

나는 이 시점이 이야기할 때다 싶어 돌아가신 할머니 이야기, 정소영의 근황 등을 상세히 이야기 해 주었다.

"주임님, 너무하십니다. 진작 이야기해 주셨으면 좋았을 텐데……."

하지만 그의 얼굴은 두 가지 숙제를 한꺼번에 해결한 듯한 후련한 얼굴이었으며, 그 후 형을 받고 원주로 이송갈 때까지 그야말로 모범적인 수감생활을 보냈다. 원주교도소에서도 그의 평판은 좋게 들려 왔으며 매월 편지를 보내왔다. 나 역시 출장 갈 기회가 있으면 찾아가 격려를 해 주었으며 출소 후 정소영과 지긋지긋한 서울을 떠나 남쪽 도시에서 생활할 것이라는 소식을 접한 것을 마지막으로 그와의 소식이 끊겼다.

아마도 남쪽 어느 하늘 아래 단란하고 행복한 그의 가정이 있으리라 믿어 의심치 않는다.

* 죄는 미워하되 사람은 미워하지 마라.
* 열길 물속은 알아도 한 길 사람 속은 모른다.
* 사람의 본성은 본디 착한 것이다.
* 말 한마디로 천 냥 빚을 갚는다.

옛 성현들의 말씀이 하나도 틀린 것이 없다는 생각이 든다. 전혀 사람 되긴 틀렸다던 그. 그러나 마음을 열고 대화를 하자 어느 누구보다도 순진하고 솔직하던 그. 많은 세월이 흘러 이제 희미해져 가는 얼굴이지만 마음속에 깊이 새겨진 그에 관한 기억은 타성에 젖어 느슨해져 갈 때마다 나를 다잡는 데 큰 힘이 되고 있다.

※ 제목 '낮에 나온 반달'은 어두운 곳에서 밝은 곳을 희구하는 사람들을 상징적으로 표현함.